大人のための世界の名著50

木原武一

ドイツの連邦参議院

小澤一郎

大人のための世界の名著50　目次

まえがき　8

1　自分を知るために

「幸福論」　アラン　実践へと導く心のコントロール法　12
「夢判断」　フロイト　夢は抑圧された願望の充足である　18
「森の生活―ウォールデン」　ソロー　虚飾を捨てて人生の意味を考える　24
「自己信頼」　エマソン　人間はかぎりない可能性をもっている　30
「赤と黒」　スタンダール　青年の野望と挫折　36
「方法序説」　デカルト　私は考える、ゆえに私は存在する　42
「ハムレット」　シェイクスピア　自分の課題を知ることが「自分を知る」ことだ　48
「エセー」　モンテーニュ　「寛容の精神」は無知と愚かさの自覚から　54
「ソクラテスの弁明」　プラトン　哲学とはよき魂を育てること　60
「論語」　孔子　ものを学ぶことほど楽しいことはない　66

2 人間を知るために

「自由からの逃走」フロム 人間は自由になると孤独と不安を感じる 74
「ホモ・ルーデンス」ホイジンガ 人間の文化は遊びから生まれた 80
「わたしの生涯」ヘレン・ケラー 人間の能力と努力の可能性を示した生涯 86
「ツァラトゥストラかく語りき」ニーチェ 毅然とした誇り高い人間であれ 92
「戦争と平和」トルストイ 人間の生き方を問う長編小説 98
「罪と罰」ドストエフスキー 若者の生き方を考えさせる 104
「ファウスト」ゲーテ 努力するかぎり人間は迷う 110
「意志と表象としての世界」ショーペンハウアー この世は苦悩の泉と覚悟せよ 116
「自伝」フランクリン 人生の幸福はセルフコントロールから 122
「パンセ」パスカル 人間の生活は不断の迷妄にすぎない 128

3　社会を知るために

「セールスマンの死」アーサー・ミラー　お父さんは疲れているんです　136
「オンリー・イエスタデイ」アレン　繁栄の頂点から大恐慌へ　142
「世論」リップマン　現代社会を支配するマスコミのからくり　148
「審判」カフカ　不条理の世界に生きる　154
「有閑階級の理論」ヴェブレン　すべては「見栄」からはじまる　160
「ゲマインシャフトとゲゼルシャフト」テンニエス　社会のあり方を人間の相互関係から分析　166
「社会契約論」ルソー　民主主義の本質を説く　172
「ロビンソン・クルーソー」デフォー　どのようにしてひとりで生きるか　178
「ユートピア」トマス・モア　理想の世界を描く　184
「君主論」マキアヴェッリ　野獣と人間をたくみに使い分ける術　190

4　歴史を知るために

「コン・ティキ号探検記」 ヘイエルダール　仮説を実証した「実験航海」の記録　198
「夜と霧」 フランクル　ユダヤ人強制収容所の体験記録　204
「ジョゼフ・フーシェ」 ツヴァイク　豹変自在の「ある政治的人間の肖像」　210
「プロテスタンティズムの倫理と資本主義の精神」 マックス・ヴェーバー　資本主義を育てた天職意識と禁欲主義　216
「イタリア・ルネサンスの文化」 ブルクハルト　現代の原点、イタリア・ルネサンスを分析　222
「航海誌」 コロンブス　「新大陸発見」の航海記録　228
「三国志演義」 羅貫中　英雄豪傑の大活躍　234
「歴史」 ヘロドトス　ペルシア軍のギリシア遠征と敗北　240
「イリアス」 ホメロス　トロイア戦争の叙事詩　246
「聖書」 西洋の思想や文学、慣習の理解に不可欠　252

5 自然を知るために

「二重らせん」 ワトソン　DNAの構造およびメカニズムの発見　260
「沈黙の春」 カーソン　農薬・殺虫剤による自然破壊を告発　266
「科学革命の構造」 クーン　「パラダイム」によって科学革命を分析　272
「銀河の世界」 ハッブル　宇宙は膨張していることを示す　278
「からだの知恵」 キャノン　ホメオスタシスのはたらきを解明　284
「昆虫記」 ファーブル　驚くべき昆虫の本能と習性　290
「種の起原」 ダーウィン　「自然選択」という生物進化の原理を提唱　296
「『絶対』の探求」 バルザック　飽くなき科学者の執念　302
「手記」 レオナルド・ダ・ヴィンチ　時代を先取りした独創的な考察　308
「古い医術について」 ヒポクラテス　病気を迷信や宗教から引き離す　314

本文デザイン　五十嵐 徹（芦澤泰偉事務所）

まえがき

知識や学問、教養が本当に生かされ、役立つのは、一人前の大人として社会ではたらくようになってからである。とくに大切なのは、幅広いゆたかな教養である。

知識は時とともに古くなり、社会の進歩にしたがって、新しい知識が必要になる。仕事に必要な知識は仕事が教えてくれる。しかし、仕事の知識さえあれば、一人前の立派な社会人として生きていけるかというと、どうもそうとは言えない。さまざまな状況のなかでものごとを正しく判断し、バランスのとれた考え方や行動ができるという、一人前の人間にとって必要不可欠な資質をはぐくむのは、教養にほかならないからである。教養とは、判断力であり、自分の頭でものごとを考える力である。

このような力を身につけるにはどうすればよいか。そのもっとも有力な方法、それは、人類の知的遺産である、古今東西の名著を読むことである。そこに込められた人間の知恵は時代を超えて鮮度を保ちつづけ、今なお生きている。人間が何を考え、何を悩み、どう生きてきたかの記録のすべてがそこにある。私たちは努力しだいで、そこから限りないものを学ぶことができる。

　この本には、五十編の世界の名著がとりあげられている。数ある世界の名著のほんの一部ではあるが、せめてこれくらいは読んでほしいというのが編者の願いである。できれば学生時代に教養の基礎として接しておいてほしい名著ばかりである。もちろん、社会人になってから読んでも遅くはない。また、歳を経て再読するのもいい。ともかく、一度は読んでおいてけっして損のない名著ばかりである。

　五十編の名著は、次のように五つに分類されている。

「自分を知るために」

「人間を知るために」

「社会を知るために」

「歴史を知るために」

「自然を知るために」

　分類は便宜的なもので、いくつかの分野にまたがる作品も少なくない。今なお読んで面白く、示唆に富む本ということを念頭に選んだ。作品は年代の新しい順に配列されている。

　本文は、「著者と作品紹介」「要約」「読みどころと名言」「編者からひとこと」「文献案内」で構成されている。「要約」は、いわゆるあらすじを紹介したものではなく、作品のエッセンスをそれ自体ひとつの読み物としてまとめたものである。著者はこの本でいったい何を言おうとしたのか、何をもっとも訴え、主張したかったのかがわかるように工夫した。原著の文章をそのまま引用した部分もあれば、編者が要点を再構成した部分もある。「要約」に総論を、「読みどころと名言」に各論をまとめた場合もある。「編者からひとこと」には、作品への補足的な指摘や、関連する情報、編者の個人的な感想などを記した。「文献案内」には、現時点で入手可能なものをあげたが、その後、品切れ・絶版になっているものもあるかもしれない。要約・引用にあたって訳文を利用させていただいた訳者の方がたには、この場を借りて厚く御礼を申し上げたい。なお、可能な限り原文を参照し、原文から訳した場合もある。

ひとりでも多くの方が、この本をきっかけに、世界の名著に親しんでほしいというのが、編者の願いである。

二〇〇五年六月十日　木原武一

＊本書は二〇〇五年七月、海竜社より刊行された『大人のための世界の名著　必読書50』を改題のうえ、文庫化したものです。

1 自分を知るために

実践へと導く心のコントロール法

「幸福論」

アラン

著者と作品紹介

フランスの哲学者、アラン（本名エミール・シャルティエ、一八六八―一九五一）は、フランス各地のリセ（高等中学校）で哲学を教える傍ら、さまざまな雑誌、新聞にさまざまな話題をめぐって「プロポ（短い随想）」を連載し、幸福についての文章をまとめたものが『幸福論』である。一九二五年に六十のプロポを収めた初版が、一九二八年に九十三のプロポの第二版が出た。普通、後者が邦訳されている。日常茶飯の誰にも実感できることがらに即して、具体的に考え、読者を実践へと誘《いざな》うというアランの特徴が、この『幸福論』にはよくあらわれている。ほかに『精神と情熱に関する八十一章』、芸術論、プラトンやデカルトについての哲学論などの著書がある。

要約

求めよ、さらば与えられん

誰でも求めるものは得られる。若者はこれを思いちがいしている。棚からぼた餅が落ちてくるのを待つことしか知らないからだ。ぼた餅はひとりでに落ちてはこないものだ。欲しいものは、すべて山と同じようなもので、私たちを待っていて、逃げて行きはしない。しかし、よじ登らなければならない。私の知るかぎり、しっかりした足どりで出発した野心家たちはみな目的を達成している。

社会は、求めようとしない者には、何ひとつ与えない。辛抱強く、途中で投げ出さないで求めようとしない者には、何ひとつ与えない。そういう社会のあり方は、まちがっていない。なぜなら、知識や才能だけがすべてではないからだ。

人は行動することを欲しているのであって、そこにこそ幸福がある。私の好みから言えば、警視総監は、もっとも幸福な人間である。なぜか。彼はたえず行動しているからだ。

しかも、たえず新しい予見できない条件のなかで行動しているからだ。やれ火事だ、水害だ、地すべりだ、家が倒れた、喧嘩《けんか》だ、騒動だ。この幸福な人間は、ひっきりなしに、決然たる行動が要求される、はっきりした問題に直面している。そこには一般的な規則などない。無為はあらゆる悪徳の温床である。

人間は、意欲し創造することによってのみ、幸福である。このことはトランプ遊びを見てもわかる。熟慮し、自分で決定する楽しさが顔の表情にあふれている。

どんな仕事も、自分が支配者であるかぎりは楽しいが、支配されるようになると、とたんに面白くなくなる。電車の運転士は、バスの運転手より幸福ではない。

少しは生活の苦労があって、波瀾の道を歩むほうがいい。すべて思いのままの王様は気の毒なものだ。幸福というものは、きっといつも、なんらかの不安や情念など、私たちを自分自身にたいして目覚めさせるような多少の苦痛を前提としているのである。

いつも上機嫌であれ

小雨が降っているとする。あなたは、表に出たら、傘を広げる。それで十分だ。「またいやな雨だ」などと言ったところで、何の役にも立たない。雨も雲も風も、どうなるわけでもない。「ああ、結構なおしめりだ」と、なぜ言わないのか。こう言ったから雨のしずくがどうなるわけでもないが、そのほうがあなたにとってよいことだろう。ほんのちょっとした喜びの衝動でも、あなたの心と身体をあたためる。

　人間のことも、雨と同様に見なすがいい。雨よりも人間相手のほうが容易なのだ。あなたが微笑したところで、雨には通じないが、人間には大いに役立つからだ。単に微笑の真似をしただけでも、人びとの悲しみや悩みを軽くする。

　私は、幸福の秘訣のひとつは、自分自身の不機嫌に無関心でいることだと思う。無視していれば、不機嫌などというものは、犬が犬小屋に戻って行くように、動物的な生命力のなかへ戻って、薄らぐものだ。私の意見では、これこそ道徳のもっとも重要な主題のひとつである。自分の不機嫌、怒り、悲しみなどから身を引き離すことだ。自分の不機嫌に身をまかせる人は、たちまち不幸で意地悪くなる。

　人間にとって、自分以外にはほとんど敵はない。人間は、自分のまちがった判断や、杞《き》憂《ゆう》、絶望、自分自身にさしむける悲観的な言葉などによって、自分が自分自身にたいしてつねに最大の敵となっているのである。あなたの運命は、あなたしだいである。

　自分が倒れそうだと思えば、倒れるものだ。もし、私が何もできないと思えば、私は何もできない。期待に裏切られると思えば、期待は私を裏切る。

読みどころと名言

▽「もし道徳論を書かねばならなくなったとしたら、私は、上機嫌を義務の第一位に置くだろう」——「道徳とは何ですか」と質問されて、たとえば、わが子から質問されて、あなたは自信をもって答えられますか。道徳という言葉は知っていても、その意味は知らない、という人が少なくない。これにたいする編者の答えは簡潔である。道徳とは、何をしてはいけない、何をすべきである、ということである。人間が最初に道徳を学ぶのは、親からである。親は子供に、これはしてはいけない、こういうことをしなさい、と教えながら、子供を育てる。人間にとっていちばん必要なのは上機嫌だとアランは言っている。子供に上機嫌を教えるには、親自身が上機嫌でいなければならない。

▽「新年の贈りもので私がお勧めしたいのが、上機嫌である。これこそ、贈ったり、貰ったりすべきものだろう。これこそ世のすべての人を、何よりもまず贈り主を豊かにする真の礼儀である。これこそ、交換によって増大する宝物である。あなたがどこへ投げ捨てても、それは芽を出し、花を開くだろう」——不機嫌な顔を見ればこちらも不機嫌な顔になる。こちらが少々不機嫌でも、笑顔を見れば、心が和らぐ。ドイツの詩人、ゲーテは「不機嫌は犯罪である」とさえ言っている（『若きヴェルテルの悩み』）。人の気

分を損《そこ》ねるという意味では、それはたしかに犯罪だ。

▽**「私たちが自分を愛してくれる人のためになしうる最善のことは、自分が幸福になることである」**――相手の幸福を心の底から喜ぶことができるということが、愛の証である。自分の幸福を素直に語ることができるのが、相手にたいする愛の証である。

▽**「子供たちに幸福になる方法をしっかり教えるべきだろう。その第一の規則は、現在のものにせよ、過去のものにせよ、自分の不幸についてけっして他人に話さないということである」**――自分の不幸を人に語れば、ますます自分の不幸を実感し、ますます不幸になる。他人の不幸話を聞いた人は、それに感染されて、気が滅入る。不幸話がはじまったら、適当に切り上げるように導くのが聞き手の礼儀作法である。

（編者からひとこと）　自分を知るとは、自分の願望や欲求、悩みなどを自覚することであり、生きるとは、それらをコントロールすることである。そのなかでもっとも制御しがたいのが、微妙に揺れ動く心、とくに、不機嫌になりがちな心である。幸福論とは、自分の心のコントロール法にほかならないが、しかし、これほどの難問はない。編者の知るかぎり、アランの処方箋がいちばん効きそうである。

[文献案内]　石川湧訳（角川ソフィア文庫）、白井健三郎訳（集英社文庫）、神谷幹夫訳（岩波文庫）など。

＊本文表題の作品名と書名が同一の場合は書名を略しました（以下同）

夢は抑圧された願望の充足である

「夢判断」

フロイト

著者と作品紹介

オーストリアの精神医学者で、精神分析学の創始者、ジークムント・フロイト（一八五六―一九三九）は、ウィーン大学医学部を卒業後、神経病医として開業し、患者の治療を通して、また、自分自身の精神分析を通して、人間の心がいかに無意識なものに支配されているかを発見した。人間の心を氷山にたとえるならば、水面上に見えるのはそのほんの一部で、大部分は無意識という水面下にあって、この深層が人間の行動や思考のもとにあると彼は考えた。『夢判断』(一九〇〇)は、夢という誰もが体験する現象を通して、このような見解をはじめて世に問うた著作で、夢はすべて抑圧された願望の充足であり、その願望は幼児期の体験に由来すると述べている。

要約

夢は欲望の充足である

私はふたつのことを証明してみようと思う。まず第一に、どんな夢も目覚めているときの人間の心の所産であること、そして第二に、夢というものがなぜ奇妙なとりとめもないものなのか、その理由を説明し、そこから人間の心が持っているいろいろな力の正体を明らかにしてみようと思う。

神経症患者の精神分析をしながら、私は千以上の夢を判断し解き明かし、また、私自身の夢を分析した。その結果、夢の内容はある願望の充足をあらわしており、その願望が夢の動機になっているという結論に達した。これに反駁《はんばく》する患者が少なからずいて、ある若い女性患者はこんな夢の例をあげた。

「私の姉にカールという男の子がいて、その兄のオットーは何年か前に死にました。私はオットーをとても可愛がっていました。昨夜こんな夢を見たんです。私の目の前に、カールが死んで、棺の中で両手を組み合わせて寝かされていました。兄のオットーが死んだ時とそっくりにまわりにロウソクが立っているのです。私は、カールが死んでしまえばいいと思っていたのでしょうか」

夢を見た前日の事件がかならず夢のなかに出てくるもので、彼女は、昔の恋人がある音楽会へ出かけるのを知り、前日にその音楽会の切符を買っていた。実は、オットーが死んだとき、その恋人が来て、棺のそばに立っていたのを彼女は見ていた。つまり、この夢は、その恋人にまた会いたいという願望を語っているのである。私は彼女にこう説明した。

「あなたの夢は、待ちきれない夢なのです。今日かなえられるはずの再会を、夢が何時間か早くしてくれたのです」

夢のなかに昔の子供が生きている

夢をつくりだす願望の源をたどると、遠い幼児時代の願望にたどりつく。夢のなかに昔のままにいろいろな欲望をもった子供がずっと生きつづけているのを見出すのである。

多くの人が見る「類型夢」に、人前で自分の裸をさらし、羞恥《しゅうち》と困惑とを覚えるという夢がある。われわれは過去を回顧して、何も恥ずかしがることを知らなかった幼少時代というものをパラダイスのように考える。「裸体夢」は、この失われたパラダイスへ帰りたいという願望をあらわしているのである。しかし、もはやそこには戻れないことをわれわれは知っている。そこで、夢は検閲を受け、歪曲《わいきょく》され、羞恥心や困惑感が生まれる。

私の女性患者はひとりの例外もなく、近親者の死を内容とする夢を見ていた。ある女性は、こんな夢を幼いころから繰り返し見ていた。

「私の兄弟やいとこたちが草原で飛んだり跳ねたりしている。突然、みんなに翼が生えて、飛び上がり、どこかへ行ってしまう」

みんな天使にしてしまって、自分だけひとりあとに残る——みんな死んでしまえばいいという敵意をこの夢から読み取ることができる。彼女は末っ子だった。幼い子供がもつ嫉妬心は強烈であって、親の愛情を独占するために、兄弟への殺意を抱くのは別に異常なことではない。満三歳にもならない女の子が、揺り籠のなかの赤ん坊を絞め殺そうとした事件を私はきいている。また、親が死ぬ夢は、幼少時に目覚める性的願望に由来する。女の子の最初の愛情の対象は父親に、男の子のそれは母親に向けられ、父親は男の子の、母親は女の子の恋敵ということになる。

このようにもっとも深く、かつ永遠の人間の本性とは、のちには意識の深層に隠されてしまう幼児時代に根ざすところの、心のもろもろの動きにほかならないのである。

▽「**すべての夢は、起きるかわりに眠りつづけようとする意図に奉仕する。夢は睡眠の守護者でこそあれ、その妨害者ではない**」――その実例に、フロイトはこんな夢をあげる。寝坊の医学生が下宿のおばさんに起こされて、自分がすでに病院にいる夢を見る。もし自分が病院にいるならば、わざわざ起きて出かける必要はない。夢のなかで、もっと眠りつづけたいという願望が充足されているわけである。

▽「**試験の夢は、その試験に合格した人間にかぎって現れてくるもので、失敗した人はこの種の夢を見ない。試験の夢はこう語っているのである。君は試験に合格したではないか、何も恐れることはないのだ、と**」――日中に心を騒がせた不安や恐怖にたいして、そんなことは心配しなくてよいと、夢がなぐさめているのである。フロイトは、法医学の口述試験に落第したので、この試験のことは一度も夢に見たことがないという。

▽「**夢のなかでよく、これはただ夢にすぎないのだ、と思うことがある。これは、夢見られているものの価値を打ち消すという目的をもっている**」――夢のなかの夢から覚めて、さらに夢を見ることがある。フロイトによれば、夢そのもののなかで「これは夢だ」と思うのは、そんなことは起こってもらいたくないという願望を意味する、という。

▽「**父を殺し、母を妻としたエディプス王の悲劇は、われわれの幼年時代の願望の充足に**

すぎない。今日でも多くの人が、母親と性交をする夢を見て、憤りかつ訝《いぶか》しく思うが、あきらかにこの夢はエディプス伝説をとく鍵であり、父親が死ぬ夢に対応する」――フロイトは、このような幼年時代の願望に由来する心のはたらきを「エディプス・コンプレックス」と名づけた。エディプス伝説はソフォクレスのギリシア悲劇『オイディプス王』などで広く知られている（エディプスは、ギリシア語のオイディプスの英語読み）。

▽**「ある女性がこんな夢を見た。誰かが家に侵入して来たので、巡査を呼ぶ。巡査は教会のなかへ入っていった。教会へはたくさんの階段が通じていて、そのうしろに山があり、山頂は深い森である」**――フロイトは夢にあらわれるものの多くに性的な願望や連想を見出した。男子性器は人物によって、女子のそれは風景によって象徴される。この夢では、巡査は男子性器、教会は膣、階段は性行為、山は恥丘《ちきゅう》、森は陰毛を意味する。

（編者からひとこと）フロイトは、人間の心のはたらきを、抑圧された「リビドー」（性欲衝動）に起因すると考えたが、これには賛否両論ある。彼は「リビドー」を強調しすぎたようだ。しかし、「リビドー」そのものの存在と役割の発見は、フロイトの功績である。

［文献案内］高橋義孝訳（新潮文庫）。フロイトの理論全般を知るためには、『精神分析入門』（高橋義孝ほか訳・新潮文庫）がわかりやすい。

虚飾を捨てて人生の意味を考える

「森の生活―ウォールデン」

ソロー

著者と作品紹介

アメリカの作家、ヘンリー・ディヴィッド・ソロー（一八一七―六二）は、大学卒業後、家業の鉛筆製造を手伝いながら、詩や散文を書いていたが、二十八歳の誕生日を前に、ある実験を思いついた。ボストンの近く、故郷のコンコードの森のなかにあるウォールデンという池のほとりに小屋を建て、そこでひとりでほぼ自給自足の生活をするという実験である。その約二年間の体験をもとに、人間の生き方や社会のあり方などについて綴ったのが、十九世紀のアメリカ文学の代表的古典『森の生活―ウォールデン』(一八五四)である。すべての虚飾を捨ててシンプル・ライフをめざし、正義と理想に生き、人生の意味をじっくり考えたいというのがその趣旨である。

要約

私は死んだような人生を生きたくはない

一八四五年三月末、私は、一丁の斧を借り、ウォールデン池《ポンド》の近くの森へ行き、矢のようにまっすぐに伸びた若い松の木を材木にするために伐《き》り倒した。われわれとともにふたたびこの年を生きはじめようとするヒバリやオオルリなどの鳥の歌声がきこえ、人間たちをおおっていた不満の冬は大地とともに融《と》け、冬眠していた生命が手足をのばしはじめる、のどかな春の日だった。何人かの知人の助けを得て、家はできあがり、七月のはじめ、家に住みはじめた。間口三メートル、奥行き四・五メートル、扉の反対側にレンガ造りの暖炉がある。

私が森に来たのは、ものごとをじっくり考えられるような生き方をして、人生のもっとも大切なことがらだけを相手にし、いよいよ死ぬというときに、自分は生きていなかったことを発見することがないようにと願ったからである。私は死んだような人生を生きたくはない。生きることはそれほど大切だからである。

私は自分の人生に広い余白を持ちたい。時どき、夏の朝、いつもの水浴びをしてから、日の出から日没まで、木々に囲まれ、邪魔者のいない孤独と静寂のなかで戸口に坐っていた。まわりでは鳥がうたい、あるいは、音もなく家のなかを通り抜けて飛んで行く。東洋の哲人が瞑想《めいそう》と無為によって何を言わんとしていたのかわかった。

大部分の時を孤独のなかで過ごすのが健全であるということを私は知っている。最良の人間でもいっしょにいるとやがてうんざりしてくる。私はひとりでいるのが好きだ。私は孤独ほど気の合う道連れを持ったことがない。考えごとをしている人間、あるいは仕事をしている人間は、どこにいようともいつも孤独である。

自分の夢の方向に向かって進め

人はキリンを追いかけるために南アフリカへいそぐ。しかし、それは彼が本当にしたい遊びではない。かりにそうだとしても、いつまでもキリンを追い回しているだろうか。チドリやシギを追うのも楽しいが、しかし、自分自身を射当てることのほうが高尚な遊びだと私は請合う。

私はこの実験によって少なくともこういうことを学んだ。もし人が自分の夢の方向に向かって自信をもって進み、自分が想像した生活を生きようと努力するならば、ふだんは思いもよらなかったような成果をおさめ、見えざる境界を越えるであろう。新しい普遍的な法則が確立され、存在のより高い秩序のもとで生きることになるであろう。生活を単純にするにしたがって、宇宙の法則も複雑ではなくなり、孤独は孤独ではなく、貧しさは貧しさではなくなり、弱さは弱さではなくなる。もし君が空中に楼閣《ろうかく》を築いたとしても、君の仕事は失敗するとはかぎらない。空中楼閣はそこにあるべきものであって、次なる仕事はその下に土台を押し込むことである。

君の生活がいかに見劣りのするものであろうとも、それにまともにぶつかり、それを生きよ。それを避けたり、けなしたりするな。あら探し屋は天国でもあら探しをするだろう。貧しくとも、君の生活を愛したまえ。賢人らしく、菜園の野菜のように君の貧しさを耕せ。衣服でも友人でも、新しいものを手に入れようとあせることはない。古いものに目を向け、古いものに戻るがいい。何が新しいかを知ることより、けっして古くなることのないものは何であるかを知ることのほうが大切である。事物は変わらない。われわれが変わるのである。君の服を売り払い、君の思想をとっておきたまえ。神は君をけっしてひとりぼっちにはしないだろう。

▽「ある日の午後、靴屋から靴を受け取るために村に出掛けたところ、私は逮捕され投獄された。男や女や子供を家畜ででもあるかのように議事堂の真ん前で買ったり売ったりしている国家に税金を払わず、その権威を認めなかったというのがその理由だった」

――ソローは、奴隷制度に反対して、たったひとりで「税金不払い運動」を行い、逮捕された。これについて彼は『市民の反抗』というエッセイで、人間を不正に投獄する政府のもとでは正しい人間が住むにふさわしい唯一の場所は牢獄《ろうごく》である、と言っている。

▽「畑で草取りをしていたとき、私の肩にスズメがとまったことがあった。私は、私の帯びることのできるどのような肩章よりもすばらしい名誉を与えられたような気がした。リスとはすっかりなじみになっていて、リスは時おり、近道をして私の靴の上を通ったりすることがある」――森の動植物の観察も彼の重要な関心事であった。コンコードの森に生息する新種のヤマネコや魚を発見したこともあった。

▽「金を得る手段は、ほとんど例外なく堕落への道をたどる。単に金を得ることができたというだけの仕事は、仕事でも何でもなく、怠惰《たいだ》、もしくはそれよりもっと悪いことである。もし労働者が雇い主の支払う賃金以上の何ものをも得られないとしたら、彼

は欺かれたのである、自分で自分を欺いたのである」――金持ちはかならず自分を金持ちにしてくれた制度に身を売る、ともソローは言っている。

▽**「みんな仕事仕事と大騒ぎするが、大事な仕事など何ひとつしていない。みんな舞踏病にかかって頭を静かにしておけないのだ。その証拠に、もし私が教会の鐘のひもを引っぱって火事だと知らせれば、あれほど仕事が忙しいと言い訳していた男をはじめ、女も子供もひとり残らず何もかも投げ出してやってくる。それも火のなかから家具や道具を運び出すためではなく、正直なところ、ただ燃えさかる家を見たいがためである」**

――編者も、近所に火事があったとき、これとまったく同じ行動をとったことがある。

▽**「私は誰にも私の生活方法を採用してほしいとは思わない。みんな自分の道をみつけ、それを進んでほしいものだ。自分の動機は自分のなかに見出すしかないのだ」**――たしかにソローの生き方はすばらしいが、そこには彼なりの事情や考えがあったはずである。すべて自分の置かれた状況のなかで、自分の意志ではじめるしかない。

編者からひとこと　ソローは特別なことを言っているわけではない。しかし、今なおその言葉は新鮮である。自分の生き方を真面目に考える人には最良の助言者である。

［文献案内］数種類の訳書がある。飯田実訳『森の生活（ウォールデン）』（岩波文庫）、酒本雅之訳『ウォールデン』（ちくま学芸文庫）など。

人間はかぎりない可能性をもっている

「自己信頼」

エマソン

著者と作品紹介

アメリカの思想家、ラルフ・ウォルドー・エマソン（一八〇三―一八八二）は、牧師の家系に生まれ、大学で神学を学び、一時期、牧師として働くが、教会員との対立などから職を辞し、講演活動と著作活動に専念し、思想家として知られるようになった。論じる対象は、人間や社会のあり方、自然観、人物論、文学論など多岐にわたるが、その中心にあるのは、人間の本性は神聖なものであり、人間はかぎりない可能性を持っているという信念である。

そのようなエマソンの思想が感動的に語られているのが、『第一エッセイ集』に収められている論文「自己信頼」(一八四一)である。彼のもっとも有名な論文で、多くの哲学者、文学者に影響を与えた。

要約

自分が確信することは万人に通ずる

自分自身の考えを信じること、自分にとって心の奥底で真実だと思えることは、万人にとっても真実だと信じること――それが天才というものである。内心にひそむ確信をひとたび語れば、きっとそれは万人の見解になる。精神の声は誰にも親しいものだ。われわれがモーセやプラトンやミルトンの最大の長所と思うのは、彼らが書物や伝統を無視して、自分の考えを語ったことである。多くの人は自分の考えを、それが自分のものであるという理由で、かえってあっさり見捨ててしまう。天才の作品を見て、われわれは自分の見捨てた思想がそこにあるのに気づく。かつては自分のものであった思想が、一種近づきがたい威厳をもって迫ってくる。偉大な芸術作品がわれわれに与えてくれる教訓のなかでこれほど感銘深いものはない。それは、われわれが万人に挙《こぞ》って反対されるときこそ、もっとも泰然自若として、わがうちに湧く考えに従うべきであるということを教える。

わが身に宿る力は自然界における新たな力であって、自分に何ができるかは、自分以外の誰にもわからない。いや、自分自身にもやってみるまではわからないものだ。われわれは自分自身の半分しかあらわしてはいない。

自分自身を信ぜよ。この鉄の弦にすべての心は共鳴する。偏見や利害に汚されていない立場から発せられた言葉は、矢のごとく人びとの耳を貫き、人びとを畏怖させるであろう。しかし、社会はいたるところで、誰かがこのような勇気を持つのを抑えようとする。自己信頼は社会の忌み嫌うものである。社会は真実と創造的人間を愛さず、虚名と習慣を愛する。一個の人間になろうとする者は、社会に迎合してはならない。結局のところ、自分自身の精神の完全さ以外に神聖なものはない。自分自身にとってみずからを清廉潔白なものとすることである。そうすれば、その人は世界の賛同を得るであろう。

自己信頼から新しい力が生まれる

人間は自分の価値を知り、万物を自分の足下に踏みすえてほしい。人はわがために存在する世界にありながら、右顧左眄《うこさべん》や忍び歩きをして、こそこそと人目をおそれて生きるものではない。人びとは、塔を築き、大理石の神を刻む力に匹敵する値打ちが自分にもあることに気づかないために、こういうものを眺めては小さくなっている。

人間は臆病で弁解ばかりしている。もはや真っ直ぐに立てなくなっている。「私はこう思う」、「私はこうだ」と言う勇気がなく、誰か聖人や賢人の言葉を引用する。草の葉やバラの蕾を見ても、恥じ入ってしまう。この窓の下のバラは、以前あったバラやもっと美しいバラのことなど考えたりしない。彼らはあるがままにある。今日の一日を神とともにある。彼らには時間というものがない。単にバラがあるだけだ。それはその生涯のあらゆる瞬間に完全である。ところが人間は延期したり、回想したりして、現在に生きていない。自分の手許にある財宝に気づかずに、目を後ろに向けて過去を嘆き、未来を覗き見しようと爪先立っている。人間も、大自然とともに時間を超越して現在に生きるようになるまで、幸福になれないし、強くもなれない。

いま生きていることだけが有用であり、かつて生きてきたことは無用である。力は休んだその瞬間にきかなくなる。力が生まれるのは、過去から新しい状態へ移る瞬間であり、深淵を乗り越え、目標に向かって突進するときである。

人間は他人にしなだれかかる柳ではなく、ひとり立ちすることができ、そうすべき存在である。自己信頼こそが新しい力を生む。不満は自己信頼の欠如であり、意志薄弱を意味する。君自身に固執したまえ。ひと真似はするな。生涯をかけて自分の天分を育てよ。

▽「私が教会の指導者に、『もし私が完全に内心の命ずるままに生きていくなら、伝統の神聖さなど私に何の関係もないことではありませんか』と言うと、指導者は『でもその命令が下から来ていて、上から来たものではないかもしれないではないか』と注意した。『私の言う命令とはそんなものではなさそうです。しかし、かりに私が悪魔の子なら、そのときは悪魔に従って生きるまでです』と私は答えた」――これほどまでにエマソンの自己信頼は強烈だった。ただひとつ正しいものは私の本性に即したものであり、ただひとつ悪いことは私の本性に反することである、とエマソンは言っている。自己信頼を強調する背景には、教会との対立もあったようだ。

▽「君の本当の人柄を見抜くことが私にはむずかしい。しかし、君が自分の仕事をすれば、きっと私には君がわかる。君が君の仕事をすれば、きっと君は君自身を強化する」――自己信頼の成果は、行動に、仕事に示されるはずである。人間を鍛え、つくりあげるのは、仕事のほかにはない。

▽「旅は愚者の楽園だ。一度旅してみれば、所変われど品変わらずということがわかるものだ。ナポリやローマへ行けば、美に酔って、悲しい思いを忘れられるだろうと、我が家で夢想する。トランクに荷物を詰め、友に別れを告げ、海に乗り出し、ついにナ

ポリで目がさめる。しかし何たることか、私のかたわらには、振り切って逃げてきたはずの悲しい自分が、以前のまま少しも変わらない姿でちゃんといる」——どこへ行こうとも、自分という道連れから逃れることはできない。逃れることができないものは、素直に受け容れるしかない。

▽**「君に平和をもたらすことのできるものは、君自身以外にはない」**——幸運を期待せず、不運に挫けてはならない。すべて自分の力に頼るしかない。それが自己信頼である。

編者からひとこと　エマソンから大きな影響を受けたアメリカの文学者に、詩人のホイットマン（一八一九—九二）がいる。彼は『草の葉』に収められた長大な詩「ぼく自身の歌」の冒頭でこう歌っている。「ぼくはぼく自身を讃え、ぼく自身を歌う、そして、君はきっとぼくの思いをわかってくれるだろう、ぼくをつくる原子はひとつ残らず君のものでもあるからだ」と。やはりエマソンに共感するドイツの哲学者、ニーチェ（一八四四—一九〇〇）は「エマソンほど親しみを感じた本はない。私は彼を褒めるわけにはいかない。あまりに私に近いからだ」と言っている。

［文献案内］酒本雅之訳『エマソン論文集（上）』（岩波文庫）、入江勇起男訳『エマソン名著選・精神について』（日本教文社）に収められている。

青年の野望と挫折

「赤と黒」

スタンダール

著者と作品紹介

フランスの小説家、スタンダール（本名アンリ・ベール。一七八三―一八四二）は、十七歳のときナポレオンのイタリア遠征軍に加わり、軍人として華やかな経歴を歩んだが、ナポレオンの没落とともに失職し、はじめ美術、音楽、文学などの批評を手がけ、最初の小説を発表したのは四十四歳のときである。『赤と黒』（一八三〇）は、元神学生の殺人未遂事件を素材に、野心に燃える青年の成功と挫折を描いた代表作で、とくに恋愛心理をみごとに描いた心理小説の傑作として定評がある。ほかに、若者の一途な愛を描いた『パルムの僧院』、エッセイ集『恋愛論』などの作品がある。生前は無名の小説家で、外交官としてイタリアの小さな港町で晩年を過ごした。

要約

まあ、こわい、地獄が見える

製材小屋の息子のジュリヤン・ソレルは、小さいころ、軍人に夢中になったが、軍人より司祭のほうが収入がよく、権力もあることを知って、司祭になろうと決意した。老司祭から神学を習い、ラテン語の『新約聖書』を全部暗記したが、それをいっこうに信じてはいなかった。その神童ぶりを見込まれ、ジュリヤンは町長のレーナル氏の住み込みの家庭教師になった。まだ十九歳前だった。

レーナル家に来てからやがて一年になる夏の夜、ジュリヤンは、この地方きっての美人のレーナル夫人とその女友達とともにいつものように菩提樹《ぼだいじゅ》の下で夕涼みをしていた。あたりは真っ暗だった。しゃべりながら大きく振り回したジュリヤンの手がレーナル夫人の手に触れた。その手はすぐひっこめられたが、彼はその瞬間、それをひっこめさせないようにするのが自分の義務だと思った。翌日の夜、ジュリヤンは夫人の手を握り、耳元にささやいた。「奥さん、今夜二時にお部屋へ参ります。ぜひお話ししたいのです」

ジュリヤンはふるえる手で戸をあけた。彼は女の足もとにひざまずき、その膝を抱きしめた。夫人は彼を突きのけたかと思うと、相手の腕に身を投げかけた。

ふたりは密会を重ね、恋の炎は激しさを増し、気も狂うばかりの陶酔を味わった。レーナル夫人は、ジュリヤンの手を握りしめながら、「まあ、こわい、地獄が見える。でも、仕方がないわ。それだけのことをしたんですもの」と叫ぶことがあった。そして、壁にからむ蔦《つた》のようにしがみついてジュリヤンを抱きしめた。

ふたりの幸福は、小間使の密告で終わりを告げ、ジュリヤンは老司祭に神学校へ行くよう命じられた。


これでおれの物語も完成した——


ジュリヤンはラ・モール侯爵に見込まれ、その秘書として侯爵家に住み込むことになった。根気よく働き、口数は少なく、よく気がつくジュリヤンを侯爵は重宝がった。彼はすべてを手際よく処理し、侯爵に気に入られた。「あの男には能力ばかりでなく品もある。あの男を貴族にしてやろう」と侯爵は考えた。

侯爵の十九歳になる令嬢マチルドはパリでも有数の美女のひとりで、ジュリヤンに高飛車な態度を見せていたが、彼は令嬢と話をするのがだんだん面白くなってきた。《あの娘があれを愛しているとしたら面白いぞ。こちらがよそよそしい態度を見せれば見せるほど、あの娘のほうでおれを追い求めてくるではないか。おれのものにしてやる》

ジュリヤンはマチルドから三通目の手紙を受け取った。「お話ししたいことがあるのです。夜中の一時、井戸のそばの梯子《はしご》をわたしの部屋の窓に立てかけ、登ってきてください」

おれを破滅させる陰謀か。ジュリヤンはピストルを手に、梯子を静かに登っていった。「あなたは男らしいかたね」とマチルドは冷やかに言った。「実は、あなたの勇気を試そうと思ったのよ。部屋までやって来たら、すっかり身を任せてもいいと思っていたのよ」

彼女は妊娠したこと、そして、彼と結婚することを父に告げた。侯爵は烈火のごとく怒ったが、娘の決意のかたいことを知り、しぶしぶ結婚を承諾し、ジュリヤンをさる大貴族の落胤《らくいん》だということにして、ジュリヤン・ド・ラ・ヴェルネー従男爵という名称を与え、そのうえ、侯爵のはからいで軽騎兵中尉に任命された。《これでおれの物語も完成した》

ふたりの結婚式を前に、ジュリヤンの行状を暴く手紙がレーナル夫人から侯爵のもとへ届けられた。ジュリヤンは教会で祈りを捧げているレーナル夫人を見つけ、ピストルで撃った。四か月後、ジュリヤンは死刑を宣告され、処刑された。二十三歳だった。

読みどころと名言

▽「大時計が十時を打ちはじめた。最後の鐘が鳴り終わろうとする前に、ジュリヤンはつと手をのばして、レーナル夫人の手を握った。夫人はすぐ手をひっこめた。彼はふたたびその手をとらえた。握ったその手が氷のように冷たいのに驚いた。彼はふるえる手に力をこめて、その手を握りしめた。相手はもう一度振りほどこうとする気配を見せたが、とうとうその手は委ねられたままになった」――ジュリヤンがはじめてレーナル夫人の手を握る場面である。彼は十時の鐘の音と同時に夫人の手を握ることを自分に誓い、それができなければ、ピストルで頭をぶち抜くという悲壮な覚悟で臨む。『恋愛論』で、「恋のいちばん大きな幸福は、愛する女の手をはじめて握ることである」とスタンダールは言っている。

▽「前の晩、ジュリヤンが自分の部屋にはいってきたとき、その無謀なふるまいをあまりにきつく咎《とが》めすぎたので、今晩はこないのではないかと、レーナル夫人は心配だった」――レーナル夫人は、ジュリヤンに逢うまで、恋というものを経験したことがなかった。

▽「マチルドは鉛筆でなんとはなしに線画を描いていた。描き上げた横顔を見て、彼女は驚くと同時に、言い知れぬうれしさを感じた。ジュリヤンそっくりだったのである」――心の思いはおのずから外にあらわれる。マチルドはつぶやく。《これこそ愛の奇跡

にちがいない。何の気なしに、あの人の似顔が描けたんですもの！》と。

▽**「人生なんて、言ってみれば、利己主義の砂漠じゃないか。誰もが自分本位さ」**――ジュリヤン・ソレルの生き方を示す言葉でもあるが、彼がこのように達観したのは、ラ・モール侯爵を通してである。フランス最大の貴族のひとりである侯爵は、政界や宮中で聞きこんだ情報をもとに、公債や株を売買したりして、財産をふやしていた。

▽**「有能な男と見たら、その男の前に障害物を置いてやるがいい。実際に有能ならば、その障害物をひっくり返すか、よけて通るだろう」**――ジュリヤンを育てた神学校の校長の方針である。ジュリヤンは次つぎ置かれる障害物を見事に処理した。しかし、最後の土壇場で女の嫉妬に負けた。

（編者からひとこと）タイトルの「赤」は軍人を、「黒」は聖職者を象徴するというのが通説であるが、ルーレットの赤と黒をあらわすという説もある。たしかにジュリアンの生涯は一種の賭けのようなものだった。プレイボーイで有名だった叔父から、「出世するには女にかぎる」と聞かされていたスタンダールは、「私はパリに着いたとき、女の誘惑者になろうという、はっきりした計画をもっていた」と言っている。彼は自分の墓碑銘にこう刻むよう指示した。「生きた、書いた、恋した」と。

［文献案内］桑原武夫ほか訳（全二冊、岩波文庫）、小林正訳（全二冊、新潮文庫）、野崎歓訳（全二冊、光文社古典新訳文庫）など。

私は考える、ゆえに私は存在する

「方法序説」

デカルト

著者と作品紹介

「私は考える、ゆえに私は存在する」という言葉で有名なフランスの哲学者、ルネ・デカルト（一五九六―一六五〇）がもっとも力を注いでいたのは、自然科学全体を論じた『世界論』であったが、生前には公刊されることがなかった。この著作は、当時タブーとされていた地動説を主張していて、これを公表するのは命がけだったからである。そこで彼は、すべての人が真理を受け容れることができるようにするにはどうすればよいかと考え、その成果をまとめたのが『方法序説』（一六三七）である。正確なタイトルは『理性を正しく導き、学問において真理を探究するための方法の話』である。自伝的回想録というかたちで、誰にもわかるように書かれた哲学書である。

要約

理性を正しく導くには

良識はこの世でもっとも公平に分け与えられているものである。正しく判断し、真と偽を区別する能力、これこそ良識とか理性とか呼ばれているもので、そういう能力はすべての人に生まれつき平等にそなわっている。だから、私たちの意見が分かれるのは、ある人が他人よりも理性があるということによるのではなく、ただ、私たちが思考を異なる道筋で導くことから生じるのである。よい精神を持っているだけでは十分ではなく、大切なのはそれを正しく用いることである。

私の目的は、自分の理性を正しく導くために従うべき万人向けの方法をここで教えることではなく、どのように自分の理性を正しく導こうと努力したかを見せることだけなのである。私はヨーロッパでもっとも有名な学校のひとつで、他の人が学んでいたことはすべて学んだ。しかし、その結果、私は多くの疑いと誤りに悩まされている自分に気づいた。

そこで私は文字による学問をまったく放棄して、私自身のうちに、あるいは世界という大きな書物のうちに見つかるかもしれない学問だけを探求しようと決心した。探求の結果、自分の理性を正しく導くには、次の四つの規則で十分だと信じた。

第一は、私がはっきりと真であると認めたもののみをもとにすること。

第二は、問題をよりよく解くためにできるだけ小さな部分に分割すること。

第三は、もっとも単純でもっとも認識しやすいものからはじめて、少しずつ階段を昇るように次第に複雑なものへと順序を追って進むこと。

第四に、関連する事柄を完全に列挙し、何ひとつ見落としがないことを確認すること。

このような方法で私がいちばん満足したのは、自分の理性をどんなことにおいても、完全ではないまでも、少なくとも自分の力の及ぶかぎりもっとも良く用いていると確信できたことである。

私は考える、ゆえに私は存在する

ただ真理の探究にのみ専念したいと望んでいた私は、ほんの少しでも疑いをかけ得るものは全部、絶対的に誤りとして廃棄すべきであり、その後に、私の信念のなかにまったく疑いえない何かが残るかどうかを見きわめねばならない、と考えた。こうして、感覚は時に私たちを欺くから、感覚が想像させるとおりのものは何も存在しないと想定しようとした。次に、幾何学《きか》のもっとも単純な事柄についてさえ誤った推論をする人がいるので、そういったものをもすべて偽として捨て去った。最後に、私たちが目覚めているときの思考がすべてそのまま眠っているときにもあらわれうるし、しかも、その場合、真であるものはひとつもないことを考えて、私は、それまで自分の精神のなかに入っていたすべては、夢の幻想と同じように真ではないと仮定しようと考えた。

しかし、そのすぐ後で、次のことに気がついた。すなわち、このようにすべてを偽と考えようとする間も、そう考えているこの私は必然的に何ものかでなければならない、と。そして、「私は考える、ゆえに私は存在する」という真理は、懐疑論者たちのどのような途方もない想定にも耐える堅固で確実なものであることを認め、これを私が求めていた哲学の第一原理として、ためらうことなく受け容れられると判断した。

その後、私は、一般的にある命題が真であるために何が必要かを考えてみた。「私は考える、ゆえに私は存在する」という命題において、私が真理を語っていると保証するものは、考える私自身の存在を明晰《めいせき》にわかっているということ以外にはまったくないことを認めた。それで、次のように判断した。明晰であることが真理であることの条件である、と。

▽「幸いにして私は、暮らしのために学問を職業とせざるをえない境遇にあるとは感じなかった」——フランスのブルターニュ地方の小貴族の家に生まれたデカルトは、それ相当の遺産を受け継ぎ、利子生活者として一生を保証されていた。生活のために特別なことをする必要はなく生涯、独身だったが、ある女性とのあいだに一児を儲けている。

▽「数年を費やして、世界という書物のなかで研究し、いくらかの経験を得ようとした」——デカルトは二十二歳のときオランダへ行って軍隊に入り、ヨーロッパ各地を訪ねた。ちょうど三十年戦争がはじまるころである。当時、軍隊に加わることは旅行の有力な方法でもあった。除隊後オランダに隠棲し、招聘《しょうへい》されたスウェーデンで没した。「フランスはデカルトの国」とも言われるが、彼は生涯の半分以上をフランス国外で過ごした。

▽「私は自分が幸福に生きられるように、次のような四つの格率（従うべき原則）をきめた。まず第一に、法律と習慣、そして、穏健な意見に従って自分を導いていくこと。第二に、自分の行動において確固とした果断な態度をとること。第三に、世界の秩序よりも自分の欲望を変えるように努め、完全にわれわれの力の範囲内にあるものは、われわれの思想しかないと信じるように自分を習慣づけること。第四に、全生涯をかけて自分の理性を培うという、私自身がいまやっている仕事をつづけること」——デカル

トがとくに重きを置くのは第三の格率である。これが完全に身につけば、病気であるのに健康でありたいとか、牢獄にいるのに自由になりたいとか望まなくなる、とデカルトは言っている。

▽**「私は『世界論』を書きあげて、印刷するために見直しをはじめていたとき、私が敬服する権威ある方がたが、ある人によって少し前に発表された自然学を否認したという知らせに接した」**――一六三三年、ローマ法王庁宗教裁判所で、ガリレイはその著書『天文対話』が地動説を認めているとして、有罪の判決をうけた。デカルトがローマの宗教裁判所で裁かれるおそれはなかったが、パリの最高法院は、パリ大学が認めない説（地動説）を擁護したり教授したりした者は死刑に処するという布告を出していた。『世界論』が出版されたのは、デカルトが世を去ってから十四年後である。

（編者からひとこと）すべての人に正しい判断力がそなわっていて、他人が理解できるのに自分にはわからないというような事柄はない、とデカルトは『精神指導の規則』で言っている。それなのに同じ事柄について意見が分かれるのはなぜなのか。それは出発点が異なっているからである。思考は山歩きと同じで、道に迷ったら、わかるところまで、みんなが同意できるところまで、戻り、そこから再出発するしかない。

［文献案内］小場瀬卓三訳（角川ソフィア文庫）、谷川多佳子訳（岩波文庫）、野田又夫ほか訳『方法序説ほか』（中央公論新社）。

自分の課題を知ることが「自分を知る」ことだ

「ハムレット」

シェイクスピア

著者と作品紹介

イギリスの劇作家、ウィリアム・シェイクスピア（一五六四―一六一六）は、はじめ俳優として活躍し、やがてその文才を認められて、合作者のひとりとして台本の制作に加わり、また、詩作も手がけ、当代最高の詩人・劇作家としての評価を得た。当時の有名な劇場グローブ座の株主でもあった。生涯に三十七編の戯曲を残し、『オセロ』『リア王』『マクベス』とともにシェイクスピアの四大悲劇のひとつに数えられる『ハムレット』（一六〇〇年頃）は、中世デンマークの伝説を題材とした一種の復讐劇で、悩める優柔不断な主人公は、内向的なタイプの人間の典型と考えられている。ただし、ハムレットを行動的な人間とする解釈もある。

要約

亡霊　わしはそなたの父の霊だ。聞いてくれ。悪逆非道な人殺しの恨みをはらしてくれ。
ハムレット（先王の息子、現王の甥）　人殺し？
亡霊　わしの死因については、庭園でまどろむうちに蛇に噛まれたと言いふらされ、そのつくり話にデンマークじゅうがあざむかれておる。だが、ハムレット、そなたの父を噛み殺した蛇は、よいか、いま王冠をいただいておるのだ。
ハムレット　おお、この心の予感にあやまりはなかった！　やはり叔父が！
亡霊　手短に話そう。庭園でわしひとり、午睡の夢を楽しんでいると、そなたの叔父が毒草の汁の入った瓶をもってこっそり忍びより、わが耳に注ぎ込んだのだ。こうしてわしは、午睡をとるうちに、実の弟によっていのちも王冠も王妃も一度に奪われたのだ。
ハムレット　おお、満天の星よ、大地よ、まだあるか？　なんという非道な女、悪党！　いまの世のなかはすべて関節がはずれている。それを正すべくおれは生を受けたのだ！

＊

ポローニアス（内大臣）　おお、オフィーリア、どうした？

オフィーリア（ポローニアスの娘）　お父様、とっても恐ろしいことが。いまお部屋で縫い物をしておりますと、ハムレット様が、上着の胸もはだけ、お顔は真っ青、お膝はぶるぶるふるえ、まるで恐ろしい話をするために地獄からいま抜け出してきたばかりのように、悲しそうなまなざしで、私の前に。

ポローニアス　おまえへの恋に狂われたのだ。

オフィーリア　さあ、わかりません。私の手首をぎゅっと握りしめ、片方の手を額にかざし、私の顔をじっとお見つめになりました。やがて、悲しそうに深い溜息をつかれました。いまにもおからだが溜息とともに消えていきそうに思われるほどに。

＊＊

ハムレット　生きるか、死ぬか、そこが問題なのだ。どちらが男らしい生き方か、じっと身を伏せ、暴虐な運命の矢玉を耐え忍ぶのと、それとも剣をとって押しよせる苦難に立ち向かうのと。いっそ死んでしまったほうが。死は眠りにすぎぬ。それだけだ。このようにもの思う心がわれわれを臆病にし、行動の切っ先をにぶらせる――美しいオフィーリアだ。おまえは貞淑か、美しいか？

オフィーリア　美しさには貞淑がもっとも似つかわしいのでは？

ハムレット　いやそうではない。美しさは貞淑をたちまち売女《ばいた》に変える。以前はおれもおまえを愛していた。尼寺へ行くがいい、罪深い子の母となったところでなんになる？
オフィーリア　私はこの上なくふしあわせな女。こんな言葉を聞かねばならぬとは。
＊＊＊
国王　おまえの父親を殺したやつが、わしのいのちをも狙っておるのだ。
レアティーズ（ポローニアスの息子）　それはよくわかりました。
国王　復讐したければ、ちょっと工夫をするだけだ。
レアティーズ　やります。その剣に毒を塗っておきましょう。
＊＊＊
国王　ではじめるがよい。審判役はよく見ているのだぞ。
王妃　お前の幸運を祈って、乾杯を。
国王　飲んではならぬ。（呟くように）毒のはいった杯なのだ。もう遅い。
王妃　ハムレット、あのお酒に、毒が……　（死ぬ）
ハムレット　陰謀だ、謀反だ、犯人を捜し出せ！
レアティーズ　謀反の道具はその毒を塗った剣。あと半時間のおいのち。
ハムレット　そうか、それならばもう一度つとめをはたせ！　（国王を刺す）
レアティーズ　それも当然の報い。　（国王、レアティーズ、ハムレット、死ぬ）

読みどころと名言

▽**「この天と地のあいだには、ホレーシオ、人智などの思いも及ばぬことがいくらもあるのだ」**（第一幕第五場）――ハムレットが父の亡霊に復讐を誓う際に、友人のホレーシオに言う言葉である。《人智などの思いも及ばぬこと》とは、亡霊や魔女、妖精などを指し、これらのものがシェイクスピアの多くのドラマで重要な役割を果たす。先王の亡霊を抜きにしては、ハムレットの物語は成り立たない。『マクベス』では魔女が物語を導く。

▽**「おお、この罪の悪臭、天にも達しよう。人類最初の罪、兄弟殺しを犯したこの身、どうしていまさら祈れよう。犯した罪は過去のものだ。どう祈ればいい？」**（第三幕第三場）――悔い改めればすべては許されると、国王は祈る。「いまならやれるぞ」と、ハムレットは、背後から忍び寄って、剣に手をかける。しかし、祈りの最中に殺したのでは天国に送ることになると考えて、思いとどまる。宗教観の窺われる一節である。《人類最初の罪》は、カインがその弟アベルを殺したという旧約聖書『創世記』の物語による。

▽**「抱いて抱かれるその相手は、汚らわしい豚、人殺しの大悪党、前の夫にくらべれば爪の垢にもたりない下司《げす》野郎、王を演じるおどけ役、尊い王冠をあるべき額から盗み取り、至上の大権を汚れた手でかすめとってわがものとした王国泥棒」**（第三幕第四場）

――先王が死んで間もなくその弟と再婚した母親を責めるハムレットの激しい言葉の一部である。母親への反発が女性一般への反発を生み、恋人のオフィーリアにも向けられる。ハムレットは、立ち聞きしていたポローニアスを国王と思い誤って刺殺してしまう。父を恋人に殺されたオフィーリアは狂乱し、溺死する。

▽**「あの子は汗かきで、すぐ息切れがするたちだから。ハムレット、このハンカチを。額の汗を拭きなさい」**（第五幕第二場）――ハムレットとレアティーズとの剣の試合の際に、王妃がハムレットに言う言葉である。《汗かきで、すぐ息切れする》という言葉からは、ハムレットが太っていたことが推測される。ハムレットの性格や体型について、さまざまな見解があるが、この母親の言葉は《ハムレット肥満説》の有力な根拠とされている。

編者からひとこと　戯曲『ハムレット』の面白さは、ある課題を与えられた人間がどのような行動をとるかというところにある。ハムレットが父親の亡霊から与えられた課題は、殺人者への復讐である。この課題をめぐって、ハムレットは思い悩み、課題を放棄しようともするが、結局、逃れられないと覚悟する。つまるところ人生とはそうしたものではなかろうか。自分の課題を自覚することが、《自分を知る》ことにほかならない。

［文献案内］野島秀勝訳（岩波文庫）、福田恆存訳（新潮文庫）、小田島雄志訳（白水社・白水Uブックス）、安西徹雄訳（光文社古典新訳文庫）など。

「寛容の精神」は無知と愚かさの自覚から

「エセー」

モンテーニュ

著者と作品紹介

フランスの思索家、ミシェル・ド・モンテーニュ（一五三三─九二）は、故郷のボルドーの高等法院評定官を十数年間つとめたのち、三十八歳の誕生日を期して、領地の城に閉じこもって読書三昧の生活をはじめた。その際、書斎の天井の梁にギリシア語やラテン語の格言を書きつけ、自分の指針としたが、そのなかにただひとつフランス語で「私は何を知っているか」と記した。彼は当時の教養のもとであるギリシア・ローマの古典に親しめば親しむほど、ますます自分の無知を思い知らされ、また、世のなかには実にさまざまな異なる考え方や習慣などがあることにも気づいた。そういった日日の思いを書き綴ったのが『エセー』(一五八八)である。

要約

知識は何の役に立つのか

ある哲学者が嵐の日に船に乗っていたが、まわりでひどく恐れおののいている人たちに向かって、その嵐にまったく平気な豚を示し、彼らを元気づけた。われわれはこう言っていいかもしれない。「それがあるために自らを万物の霊長と考えているあの理性というものは、われわれが苦しむために与えられたのではなかろうか。それがあるために、われわれが豚よりも劣った状態におかれるのだとすれば、知識は何の役に立つのか。至福のために与えられた知性をわれわれは破滅のために用いているのではなかろうか」と。

私は、自分の尺度で他人を判断するという万人に共通の誤りをまったくもっていない。私は、他人のなかにある自分とちがうものを容易に信ずる。私もあるひとつの生き方に縛られているとは思うけれども、それを他人に押しつけることはしない。そして、たくさんの相反する生き方があることを信じ、理解している。また、一般の人びととは反対に、われわれのあいだにある類似よりも差異のほうを容易に受け容れる。私は想像力をはたらかせて、うまく相手の立場にすべりこむことができる。だから、彼らが私と異なれば異なるほど、私は彼らを愛し、尊敬する。私は、皆がわれわれ各自を別々に判断してくれることを、そして、私を世間一般の型に合わせて見ないでくれることをとくに希望する。

私はわが国民が自分たちの風俗習慣以外に拠るべき模範も規準ももたないことを、心から大目に見てやりたいと思う。というのは、自分たちがそのなかで育った習慣だけを究極のものとして、その外に出ようとしないのは、ほとんどあらゆる人間に共通の欠陥だからである。

変更できない考えは悪い考えだ

人間のもろもろの行為を検討することに従事している人びとは、それらを継ぎ合わせて、同じ光を当てて一様に見ようとするときほど、当惑を感ずることはない。なぜなら、それらはいつも不思議なほど矛盾し合っていて、とても同じ店から出たものとは思えないからである。あの残忍の権化ともいうべきネロが、ある男を死刑にする判決文に署名を乞われたとき、「ああ、私は字を書くことを知らなければよかった」と答えた。それほどに一人の人間を死刑にすることが彼の心を痛ませたというのである。世間にはこういう例はいつぱいある。いや、誰でもこういう実例を自分のなかにいくらでも見出すことができる。不定であるということが、われわれの本性の、もっとも普通の、もっとも明白な欠陥なのである。「変更できない考えは悪い考えだ」

昨日はあんなにも勇敢であった人が、今日はこんなにも臆病になったのを見て、不思議に思ってはいけない。いろいろな出来事の風がその風向きによって私を動かすだけでなく、さらに私が自らの態度の不定なことによって、私自身を動揺させ、混乱させる。注意深く自分を見つめたら、人は二度と同じ状態にある自分を見出すことはあるまい。

私が自分についていろいろに語るのは、私が自分をいろいろに見るからであり、私のなかにあらゆる矛盾を発見するからだ。内気で図々しく、貞潔で淫蕩《いんとう》、饒舌《じょうぜつ》で無口、強靭《きょうじん》で過敏、利発で愚鈍、陰気で陽気、嘘つきで正直、博識で無知、鷹揚《おうよう》で、吝嗇《りんしょく》で、浪費家。これらのすべてを私はいくらかずつ自分のなかに見出す。いかにわれわれはさまざまに物事を判断することか。何度われわれは自分の考えを変えることか。

結局、われわれには不変のものは何も存在しない。われわれの判断もたえず流転する。あなたが人間の本質をとらえようとすれば、それは水をつかもうとするのと同じことだ。

▽「私の父はいろいろな教育法を研究した結果、ギリシア語とラテン語を早い時期に身につけることが大事だと考え、私がまだ乳呑児《ちのみご》で舌もまわらぬうちから、ドイツ人を雇ってラテン語教育がはじまった。この家庭教師をはじめ、両親や召使も小間使もみんな、私といっしょにいるときには、それぞれ習い覚えたラテン語しか使ってはならぬことになった。こうして私は、教科書も文法もなしでラテン語をおぼえてしまった」

――モンテーニュの父親は子供の教育にたいへん熱心だった。生まれてまもないモンテーニュは近くの村の木こりの家に里子に出されたが、これは、質素で堅実な、からだの丈夫な子供に育てるためだった。そして、ラテン語の早期教育である。当時は、フランス政府の公文書はラテン語で書かれ、大学ではラテン語で講義が行われるというように、ラテン語は学問知識に不可欠だった。六歳までつづいたこの早期教育のおかげでモンテーニュはギリシア・ローマの古典を自由自在に読み、後世にその名を伝えることとなる『エセー』を書くことができた。

▽「無知には、知識の前にある初歩的な無知と、知識のあとからくる博学の無知がある。すなわち、知識が第一の無知を崩壊させるのと同じように、その一方で、新たな無知を生み出しているのである」――知識が増えれば、それだけ未知の世界の存在を知る。

知識は、疑問（自分は何を知らないかという自覚）を生むからである。モンテーニュは言うなれば、「博学の無知」の大家であった。何でもわかったようなことを言う人は、知識以前の無知の人、自分がいかに無知であるかについてまったく自覚のない人である。

▽**「正しい行為の報いは、それをなしたことである」**――モンテーニュの引用する、ローマ時代の哲学者、セネカの言葉である。これに、「奉仕の果実は、奉仕そのものである」というやはりローマ時代のキケロの言葉がつづく。同様のことを、ヒルティは『幸福論』で、「善をなし得るということが、そのまま善の報酬である」と言っている。

▽**「自分は馬鹿なことを言ったとか、したとかを学ぶだけでは、何にもならない。自分は愚か者にすぎないということを学ばねばならぬ。そのほうがはるかにゆたかで大事な教訓なのだ」**――自分の無知と愚かさの自覚から、他人の誤りを寛大にみる態度が生まれる。これこそ、モンテーニュがもっとも訴えたかったことである。

編者からひとこと　モンテーニュの生きた十六世紀は、ヨーロッパ中を戦乱に巻き込んだ宗教戦争の時代である。そこで彼が説いたのが、宗教を含め、あらゆる場面での「寛容の精神」である。いまだに人類はモンテーニュの理想とはかけはなれたところにいる。

［文献案内］原二郎訳（全六冊、岩波文庫）、荒木昭太郎訳（全三冊、中公クラシックス）。

哲学とはよき魂を育てること

「ソクラテスの弁明」

プラトン

著者と作品紹介

古代ギリシアの哲学者、ソクラテス（前四七〇―前三九九）は、アテナイ市民から、国家の認める神を認めず、また、青年たちを堕落させたという罪で告訴され、死刑の判決を受け、当時の処刑方法に従って、毒杯をあおぎ、命を絶った。その裁判でソクラテスが行った弁明を、弟子のプラトン（前四二七―前三四七）が記録したものが『ソクラテスの弁明』である。ソクラテス自身には著書はなく、その思想はプラトンをはじめとする弟子たちによって、後世に伝えられている。当時七十歳のソクラテスは、この『弁明』でアテナイにおける自分の活動とその目的、自分の役割などについて述べ、無罪を主張するが、アテナイ市民の反感のために有罪の判決を下される。

要約

自分の無知を知れ

私にたいする中傷がどこから生じたかと言えば、諸君もご存知のカイレポンがデルポイで受けた神託にあります。ソクラテスよりも知恵のある者がいるかどうかをたずねたところ、そこの巫女《みこ》は、より知恵のある者はいない、と答えたというのです。この神託のことを聞いて、私は、いったい神は何を言おうとしているのだろうかと考えました。そこで、知恵があると思われている者を訪ねてみることにしました。そこへ行けば、ほら、この人のほうが私より知恵があるのですと、神託を反駁できるかもしれないと考えたからです。まず、政治家を訪ね、問答をしながら、観察しているうちに、その人は、知恵のある者だと人から思われ、自分でもそう思い込んでいるらしいけれども、実はそうではないのだと、私には思われたのです。そこで、私は彼に、君は知恵があると思っているけれども、そうではないのだということをはっきりわからせてやろうと努めたのです。すると、その結果、私はその男にも、また、その場にいた多くの者にも、憎まれることになったのです。

政治家のつぎに悲劇の作者や詩人を訪ねました。ところが、この人たちも、結構なことをいろいろたくさん口では言うけれども、その言っていることの意味は何も知ってはいないことがわかりました。それから最後に、手に技能をもった人たちのところへ行きました。彼らは私の知らないことを知っていて、その点では私よりすぐれた知恵をもっていました。しかしながら、アテナイ人諸君、このすぐれた手工業者たちも、自分の技術ではすぐれているので、それ以外の大切な事柄についても、自分を最高の知者だと考えていて、彼らのその勘違いがせっかくの彼らの知恵を台無しにしていたのです。

そこで私はこう考えました。これらの人間より私のほうが知恵がある、なぜなら、彼らも私も真善美について何も知らないけれども、彼らは知らないのに、何か知っているように思っているが、私はそのとおり知らないと思っているからです。つまり私は知らないことは知らないと思う、ただそれだけのことでまさっているらしいのです。

良き魂を育てる

青年たちを堕落させたという罪状についてですが、私が歩きまわって行っていることと言えば、魂ができるだけ良いものになるよう説くことだけです。私は息のつづくかぎり、けっして知を愛することをやめないだろう。私は諸君に勧告し、諸君に指摘することをやめない。アテナイという、知力においても、武力においても、もっとも評判の高い偉大なポリスの一員でありながら、ただ金銭をできるだけ多く自分のものにしたいとか、評判や地位のことを気にするばかりで、自分の魂のことをおざなりにして、恥ずかしくないのか。老若を問わず、誰に会っても、私はこの点を吟味せずにはいられなかったのです。

人間にとっては、徳やその他のことについて、毎日談論するという、このことが、まさに最大の良きことなのであって、これにそむくことが、神にたいする不服従にほかなりません。こういう人間が神を認めないなどと言えるでしょうか。私が努めているのは、ただひとつ、諸君を本当に幸福であるようにしようということなのです。

アテナイ人諸君、この弁明を私が私自身のためにしていると思う人もいるかもしれないが、そんなものではないのです。むしろ諸君のためなのだ。諸君が私に有罪の票決をして、せっかく神から授けられた贈りものについて過ちを犯すことのないようにというためなのです。もし諸君が私を死刑にしてしまうならば、またほかにこういう人物をみつけることは、容易ではないだろう。この国の人間を悪く言おうとする者によって、諸君は、知者のソクラテスを殺したというので、非難されるだろう。

▽**「私は多くの人から憎まれ、中傷と嫉妬の矢面に立たされている」**――ソクラテスがアテナイの人びとと交わした対話を記すプラトンの作品を読むと、ソクラテスに腹を立てるアテナイ市民の気持ちがわからないでもない。ソクラテスはどのような相手でも、また、どのようなテーマでも、実に巧妙な、時には詭弁《きべん》とさえ思われるような論法で相手をやりこめてしまうのである。しかも、衆人環視のなかである。そこで、ソクラテスの論法に感心した者は、プラトンのようにその弟子になり、恥をさらされたと思う者はソクラテスを憎むようになる。圧倒的に後者が多数派だったようだ。

▽**「言うなれば、私は、このアテナイという馬に付着した何かあぶのようなものなのです。これは素性のよい大きな馬なのですが、大きいために普通よりにぶいところがあって、目を覚ましているには、たえず刺激が必要なのです。つまり、私はあなたがたを目覚めさせるために、膝を交えて説得したり、非難したりしているのです」**――当時のアテナイは、パルテノンの神殿をはじめとする建築ブームと軍備の増強に沸く繁栄の時代だった。しかし、それも束の間の繁栄で、数十年後には、マケドニア王国の脅威にさらされ、やがて滅亡することとなる。諸君は、眠りかけているところを起こされた人のように腹を立て、私をたたいて殺し、また眠りつづけるであろうと、ソクラテスは

言っている。

▽**「私には、子供のころから、何か神からの知らせというか、ダイモン（鬼神）からの合図といったものがよく起こるのです。それは一種の声となってあらわれ、何かをしようとしている私に、それを止めるように命じるのです」**——この点をとらえて、告訴人は、ソクラテスは国家の神を認めていないと訴えたのであるが、ソクラテスは、ダイモンも神の一種であって、ダイモンを信じることは、国家の神を認めないことにはならないと反論した。議論においては理屈一点張りのソクラテスが、理屈では説明できないダイモンというものに動かされているところが興味深い。やはり、理屈がすべてではないということであろう。

▽**「諸君よ、諸君は私に死を決定したが、私の死後まもなく、諸君に懲罰が下されるであろう」**——ふたりの告訴人のうち、ひとりは死刑に、もうひとりは国外追放に処せられた。

（編者からひとこと）死刑判決後、ソクラテスは三十日間、獄中にあって、毎日訪れてくる友人や弟子たちに、魂の不滅と死後の世界の存在について語った。死は魂を肉体から解放することであって、死後の魂の行方は、その魂の良さによってきまると彼は考えた。その最後の有様は、プラトンの『パイドン』に感動的に記録されている。

［文献案内］久保勉訳『ソクラテスの弁明　クリトン』（岩波文庫）、田中美知太郎ほか訳『ソークラテースの弁明　クリトーン　パイドーン』（新潮文庫）、納富信留訳（光文社古典新訳文庫）など。

ものを学ぶことほど楽しいことはない

「論語」

孔子《こうし》

著者と作品紹介

古代中国の思想家、孔子（前五五一―前四七九）は若いころから学問に努め、諸国を遍歴して権力者に自説を説いたが、なかなか登用されることがなかった。五十歳をすぎてから、故郷の魯《ろ》の国（現在の山東省《さんとうしょう》）のある都の市長となり、宰相代理という高い地位にまで昇った。しかし、その後、改革に失敗して職を退き、多くの弟子を引き連れて諸国を漂泊、諸侯に遊説し、故郷に落ち着いたのは死の五年前だった。『論語』は、孔子の言葉を弟子たちがまとめたもので、中国および日本の古来の道徳の基本図書とされる『大学《だいがく》』『中庸《ちゅうよう》』『孟子《もうし》』とともに「四書」の筆頭にあげられている。約五百章からなり、人間のあり方や生き方、ものの考え方が中心のテーマである。

要約

朝に道を聞かば、夕に死すとも可なり

私は十五歳のころから学問を志し、三十歳にして自分の考えがもてるようになり、四十歳であれこれ迷うことがなくなり、五十歳で自分の使命を自覚し、六十歳になって人の言葉を素直に聞けるようになり、七十になると、心の欲するままに振舞っても道理に外れることがなくなった。振り返ってみると、私の人生は学問を学ぶための一生だった。むかし読んだ本を再読してさらに理解を深めたり、同学の士がやってきて、ともに談笑したりすることほど楽しいことはない。

人間の生まれつきの天性は似たり寄ったりであるが、その後の習慣や努力で隔たりが生まれるものである。私はといえば、けっして学ばずして知識や道理を身につけたわけではなく、古の聖人の学を好み、精出してこれを学んだにすぎない。ものを学ぶといっても、ひろくいろいろなことを勉強するだけではだめで、自分でよく考えることが肝心である。

しかし、ただひとり自分の頭のなかで思いをめぐらすだけでもよくない。他人の教えを学ぶことも大切である。ものごとを本当に知るとは、自分が何を知っているか、そして、何を知らないかをはっきり自覚することである。それでこそ進歩というものがある。

学問の究極の目的は、ものごとや人間の真理を知ることである。もし、朝、そういう真理をきわめることができたら、その日の夕方に死んでもいいというくらいに、私は思っている。それほど私は学問に情熱を注いできたため、いくら学問知識を学んでもけっしてあきることがなく、また、人に教えることにもけっして倦《う》むことを知らない。自分に何か取り得があるとしたら、それくらいである。相手がどんな知識のない人でも、問われれば、隅々までよくわかるように、私の知っている限りを教えてきたつもりである。どうしたらいいのだろうかと、切実に求める者にたいしては最善を尽くしてきたつもりである。

おのれの欲せざるところは、人に施すことなかれ

私は、粗末で簡素な食事をし、質素な生活をしてきたが、そういう貧乏暮らしのなかにも楽しみはあるものだ。不義不正などをして得た富貴などは、私にとって、空に浮かぶ雲のようにはかないものだ。この点で、あの弟子の顔回《がんかい》はえらい。一椀の飯に、一椀の汁で、むさくるしい路地に住まっている。普通の人なら、その貧苦に耐え切れないのに、彼はそんなことは少しも気にせず、学問を楽しんでいる。本当にたいしたものだ。

私は長年、諸国を遍歴し、諸侯に私の考えを説いてきたが、受け容れる者は少なかった。かりに私を用いて政治を任せる者があったら、一年でも、それ相当の成果をあげてみせよう。三年もあれば、きっと立派な国にすることができよう。しかし、この混乱の時代に誰も私を理解してくれることがなかった。私は私なりに努力してきたものの、天の時を得ず、こと志とくい違ったが、さりとて別に天を恨むわけでもない。また、私を理解しなかった人びとを咎めようとも思わない。私はただ学問にはげんできた。すべてが天意なのであろう。天だけは、私のことをわかっているにちがいない。

肝心なのはこういうことである。他人が自分のことを知ってくれないことを心配すべきではない。むしろ、自分が他人のことを知らないことを心配すべきである。

ある時、川のほとりで、こんな感慨に浸ったことがある。過ぎ行くものはすべてこの川の流れのようなものだ。昼となく夜となく、一瞬も止むことがない。こうして、人生の時間が過ぎ行く。

人生でもっとも大事なこと、それは、自分が人からされたくないことは、他人にたいしてしないことである。

読みどころと名言

▽「**故**《ふる》**きを温**《たず》**ねて新**《あたら》**しきを知る、以**《も》**って師**《し》**と為**《な》**るべし**」――古いことをよく知っていて、新しいこともわきまえている、それが教師というものの条件である。「温故知新《おんこちしん》」という熟語になっている。

▽「**君子**《くんし》**は器**《うつわ》**ならず**」――立派な人間は、形や用途のきまった器のようなものであってはならない。孔子は偏狭を排する。君子の別名は「不器の器」である。

▽「**徳**《とく》**は孤**《こ》**ならず、必ず鄰**《となり》**あり**」――徳のある人はけっして孤立するものではない、必ずこれに共鳴する人がいる。孔子の実感にちがいない。諸侯はともかく、弟子たちは孔子に共鳴し、後世に『論語』という不朽の記録を残した。

▽「**三軍**《さんぐん》**も帥**《すい》**を奪**《うば》**うべきなり。匹夫**《ひっぷ》**も志**《こころざし》**を奪**《うば》**うべからざるなり**」――どんな大軍でも、その総大将を奪い取ることはできるが、ひとりのつまらない男でも、その志を奪い取ることはできない。「志」とは、その人をある方向に向かって動かす心のはたらきである。それを変えられるのは、本人以外にはいない。それほど、他人を動かすのはむずかしい。

▽「**君子**《くんし》**は和**《わ》**して同**《どう》**ぜず、小人**《しょうじん》**は同**《どう》**じて和**《わ》**せず**」――立派な人間は他人と打ち解けて接するが、軽々しく同調したりしない。心の狭い人は他人にすぐ同調するが、仲間割れし

人にすぐ同調することを「付和雷同《ふわらいどう》」という。「雷同」は、雷が鳴ると、万
応じて響く、という意味である。

▽「剛毅木訥、仁《じん》に近《ちか》し」――真っ正直で毅然としていて、質実で口数の少ない人は、信用できそうだ。これに対比して「巧言令色《こうげんれいしょく》、鮮《すく》なし仁《じん》」（口先がうまくて、愛想のいい顔つきの人は、ちょっと信用できない）とも孔子は言っている。人を見わけるひとつの有力な方法である。

▽**「君子《くんし》に九思《きゅうし》あり。視《み》るには明《めい》を思《おも》い、聴《き》くには聡《そう》を思い、色《いろ》は温《おん》を思い、貌《かたち》は恭《きょう》を思い、言《げん》は忠《ちゅう》を思い、事《こと》は敬《けい》を思い、疑《うたが》いには問《と》いを思い、忿《いかり》には難《なん》を思い、得《う》るを見《み》ては義《ぎ》を思う」**――立派な人間は九つのことを忘れてはならない。はっきりとものを見ること、誤りなく聴くこと、いつもおだやかな顔つきでいること、身なりを整え、言葉は誠実、仕事はきっちり、疑問は問いただし、腹が立ったらどんな面倒なことが起こるかと考え、儲け話には気をつける。何かことに臨んだとき、いつも心に呼び起こしたい言葉である。

編者からひとこと　孔子の言葉に及ばない自分に恥じることはない。そこまで行けそうにもないことは承知のうえで、それをいつも肝に銘じていたいと思う。

[文献案内]　金谷治訳注（岩波文庫）、吉田賢抗（明治書院・新釈漢文大系1）、貝塚茂樹訳（全二冊、中公クラシックス）、『ビギナーズ・クラシックス　中国の古典　論語』加地伸行（角川ソフィア文庫）など。

2 人間を知るために

人間は自由になると孤独と不安を感じる

「自由からの逃走」

フロム

著者と作品紹介

ドイツに生まれ、ナチスを逃れてアメリカに帰化した、社会心理学者のエーリッヒ・フロム（一九〇〇―八〇）は、フロイトの精神分析学の方法を応用して、社会や文化の成り立ちと変動を研究し、第二次世界大戦のさなか、主著となる『自由からの逃走』（一九四一）を発表した。なぜドイツ人がヒトラーの独裁を受け容れ、それに服従したのかという問題意識から出発したフロムは、それが人間における自由の問題と密接に関係があることを発見した。人間は自由になったとたん、孤独と不安を感じ、外部の権威などに依存して、精神の安定を求めようとする——それがナチズムやファシズムの温床であり、中世以後の近代人の抱える最大の問題であると、彼は考えた。

要約

なぜ自由が重荷になるのか

近代のヨーロッパとアメリカの歴史は、人びとをしばりつけていた政治、経済、そして、精神の束縛からの解放の歴史である。第一次世界大戦は、自由を求める最後の戦いであり、その決着は自由のための勝利であると、多くの人びとは考えていた。しかし、わずか数年のうちに、人びとが数世紀でかち得たと信じている一切のものを否定するような組織が出現した。最初のうちは、多くの人は、権威主義的組織の勝利の原因は少数の狂気であり、それゆえやがて没落するにちがいないと考えて安心した。

以来何年かたってみると、このような議論がまちがっていることが明らかになった。われわれはドイツにおいて数百万の人びとが、彼らの父祖たちが自由のために戦ったと同じような熱心さで自由を捨ててしまったこと、自由を求めるかわりに、自由から逃れる道を探したことを認めざるを得ないようになった。また、デモクラシーの危機は、とくにイタリアやドイツだけではなく、近代国家がすべて直面している問題であることに気がついた。絶え間ない人間の努力のもっとも重要な産物は人間自身であり、その努力の記録を、われわれは歴史と呼ぶ。歴史におけるこのような人間の創造のプロセスを理解することが、まさに社会心理学の仕事である。人間の社会的歴史の出発点は、自然や他人から独立した自己の自覚にある。それは、親の庇護という「第一次的絆」から自立してゆく個人の発達と似ている。こうして「個性化」のプロセスを歩みはじめた人間は、自由を獲得し、自我の力を増大させるが、同時に、孤独や不安も増す。自由であるということは、孤立無援であるということでもある。多くの人が孤独を恐れるのは、人間は他人との何らかの協同なしには生きることができないからである。孤独のなかにあって雄雄しく生きるには、内面の強さが必要である。孤独の不安に耐えられない人は、自由を重荷と感じ、それを放棄しようとする。

逃避のメカニズム

自由からの逃避には、二つのかたちがある。そのひとつは、人間が自我の独立を捨てて、自分には欠けている力を獲得するために、外部の何ものかと自分自身を融合させようとする傾向である。言いかえれば、失われた第一次的絆のかわりに新しい「第二次的」な絆を求めることである。このような人間の心の傾向を、私は「権威主義的性格」と呼ぶことにしたい。その特徴は、権威を讃え、それに服従しようとするが、しかし、同時に、自ら権威であろうと願い、他者を服従させたいと願うところにある。まさにそのような人間が、ファッショ的組織の支配者であり、ヒトラーはその典型である。同時に、ヒトラーの支配を受け容れたのも、そのような、人間の自由を束縛するものを愛し、権威に服従することを好む権威主義的性格の人間であった。

自由からの逃避のもうひとつのメカニズムは、現代社会において大部分の正常な人びとのとっている方法である。簡単に言えば、個人が自分自身であることをやめることである。自分の意志や思考、さらには感情までを他者に委ねるということである。たとえば、レンブラントの有名な絵を見て、何ら特別な内的反応も感じていないのに、それを美しいと考えたりするのは、その絵が一般に美しいものとされているからである。われわれの判断の大部分は、実際には自分自身のものではなく、外部から示唆されたものであり、われわれは外部からの示唆を自分の判断や決断、さらには、願望と感じてしまう。こうして、われわれは外部からの情報に操られる自動人形と化し、自己のアイデンティティを失う。自由からの逃走とは、自己からの逃走にほかならない。

▽「**ルネサンス以来、この四百年、**ヨーロッパの人びとは多くの束縛から解放され、**精神的に成長したが、他面、〈……からの自由〉と〈……への自由〉とのずれも拡大した**」——人間誰しも、束縛からの解放（消極的自由）を願うが、自発的な選択（積極的自由）には躊躇《ちゅうちょ》する。いわゆる「フリーター（フリーアルバイター）」などはその典型である。

▽「**よく適応しているという意味で、正常な人間は、人間的な価値については、神経症的な人間よりもいっそう不健康である場合もある。**よく**適応**しているとしても、それは**期待されているような人間になろうとして、その代償に自己をすてているのである**」——現代の社会で、とりわけ企業社会で強く求められているのは、協調性と呼ばれる、他者や組織への適応能力、自分を外部の状況に合わせる能力である。そのような能力を育てつづけてきた人間は、まちがいなく自分を見失う。いつも自分の欲求や意志などを抑圧して、外側ばかり見ているからである。

▽「**人間という哀れな動物にとって、もって生まれた自由の賜物を、できるだけ早く譲り渡せる相手を見つけたいという願いほど、切実なものはない**」——ドストエフスキーの長編小説『カラマーゾフの兄弟』（一八八〇）の有名な一節、人間に自由を与えたイエス・キリストを裁く「大審問官」からの引用である。人間にとって、良心の自由ほど

魅力的なものはないが、同時にこれほど苦痛なものもない、なぜなら、何が善で、何が悪であるかを自分できめなければならないからだ、ともドストエフスキーは言う。何事につけ、自分で選択し、決断するには、それ相当の勇気が必要だ。しかし、選択なしには人生は進まない。

▽**「すべての権威主義的思考に共通の特徴は、人生が、自分の関心や希望などをこえた力によって決定されているという確信である。残された唯一の幸福は、この力に服従することである」**――ヒトラーはすべてを民族の宿命や運命と結びつけて、その野望を合理化した。現代では、それは統計に裏づけられた〈科学的な〉未来予測というかたちで提示される。両者の共通点は、未来を人間の力の及ばないものと思い込ませるところにある。言うまでもなく、未来を自分の力でつくりあげるところにこそ、自由がある。

▽**「われわれはみずから意志する個人であるという幻のもとに生きる自動人形と化している。この幻想によって、われわれは不安を意識しないですんでいる」**――大多数の人びとがいまや、テレビや新聞、インターネットなしには生きていけないのも、そのためである。

編者からひとこと　フロムは、積極的な自由を実現するために、人間の自発的行為に触れている。この肝心な問題は、続編『人間における自由』で詳述されている。

[文献案内]　日高六郎訳（東京創元社）。『人間における自由』も同社刊。

人間の文化は遊びから生まれた

「ホモ・ルーデンス」

ホイジンガ

著者と作品紹介

オランダの歴史家、ヨハン・ホイジンガ（オランダ語で正しくはハイジンハと発音する。一八七二―一九四五）は、はじめ大学で言語学を研究し、古代インド学で学位を得た後、ヨーロッパ中世史の研究に転じ、ライデン大学の歴史学教授となる。一九四〇年、ナチス・ドイツによる大学封鎖に強く抗議し、一時、強制収容所に入れられた。文化を創造する人間の意志や感性の面から歴史をとらえる文化史を提唱し、その代表作のひとつが、人間の文化は遊びのなかで、遊びを通して生まれたことを描いた『ホモ・ルーデンス』（一九三八）である（ホモは人間、ルーデンスは遊ぶという意味のラテン語から来ている）。他に『中世の秋』などの著作がある。

要約

文化は遊びのなかにはじまる

遊びは文化よりも古い。動物は人間とまったく同じように遊びをしている。遊びの基本的な要素のすべてが、すでに動物の戯れのなかにはっきりとあらわれている。子犬が遊び戯れているところを観察してみさえすればよい。子犬は一種の儀式めいた身振り、動作で、たがいに気を引きあったりする。相手の耳を血が出るほど噛んではいけないという規則も守っている。まるで恐ろしく怒っているかのようなふりをして見せる。もっとも重要なことは、子犬はこれらすべてを明らかに嬉々として楽しんでやっているということである。このように動物の場合と同様、人を夢中にさせる力、〈面白さ〉のなかに遊びの本質があり、〈面白さ〉こそ、人間にとってもっとも根源的なものである。

人類が共同生活をはじめるようになったとき、その行動にはすべて最初から遊びが織り交ぜられていた。たとえば、人類の最初にして最高の道具である言語である。言語によってものごとを表現したり、伝えたりするという行為はいつも遊びながら行われるのである。どんな抽象の表現でも、その背後にあるのは比喩であり、いかなる比喩のなかにも言葉の遊びが隠れている。神話にしても、想像力による形象化という点では同様である。神聖な行事も遊びと同じ形式で執行される。人間のつくりあげるもの、つまり、文化と呼ばれるものは、遊びとしてはじまるのではなく、遊びのなかではじまるのである。

そのさまざまな要素を分析すると、遊びを次のように定義できる。

遊びとは、ある限定された時間および空間のなかで行われる、自発的な行為もしくは活動であり、自発的に受け容れられた、絶対的な拘束力をもつ規則に従っている。遊びの目的は行為そのものにあり、それは、緊張と歓びの感情を伴い、また、〈これは日常生活とは別のものだ〉という意識に裏づけられた、何ものかをめぐる闘争ないし表現である。

このような遊びが地球上のあらゆる地域に同じような形式や観念のもとに存在することが確かめられているが、このことは、人間に遊びという機能が先天的に与えられているということの何よりの証拠である。

すべては遊びなり

一見したところ、法律の世界は遊びの世界から遥かに遠く隔たって見える。しかし、ある行為の神聖さや真面目さは、けっしてその行為から遊戯性を排除するものではない。訴訟には競技の性格がそなわっていることに気づけば、法律と遊びのあいだに類縁があることがわかるはずである。法廷という非日常的空間のなかで、法服や鬘《かつら》を身につけて〈日常生活〉の外に踏み出した裁判官は、法律という絶対的な拘束力をもつ規則によって、争いに決着をつける。これこそほとんどの民族が古代から継承する遊びの原型である。

遊びは現実の生活の外に、必要とか利益とかの領域の外にあり、その価値は理性、義務、真理などの規範の外にある。かくて、詩や音楽など、芸術と名のつくすべてのものは遊びのもとに集結し、知識をめぐる競技から生まれた哲学や学問も同様である。謎解き競技が英知をもたらしたように、詩の競技は美しい言葉を生み、人びとの感性を育んだ。日本の俳諧などはその一例である。音楽と切り離せない舞踊も同様で、どの時代のどの民族の場合をとってみても、言葉の完全な意味において、舞踊は遊びそのものであり、およそこの世に存在するもっとも純粋、完璧な遊びの形式を形づくっているということができる。

真の文化は何らかの遊びの内容をもたずには存続してゆくことはできない。文化というものはある種の自制と克己を前提とするからであり、そこでつねに要求されるのはフェア・プレイである。そのうえで、すべては遊びなり、という結語が湧き上がってくる。

読みどころと名言

▽**「陰と陽、つまり女性的原理と男性的原理をもとにする、中国の陰陽五行説も、その思想体系の出発点には遊びがあった」**――ホイジンガは、対立するふたつの力や要素が競いあうほとんどすべての場に遊びを発見した。

▽**「子供の生活から最高の文化活動にいたるまで、すべてを通じてひとつの願望がはたらいている。自分の優秀さを認められ、人から褒められたいという願望である。他人を褒めるのは、自分自身を褒めることである。自画自讃が、競技として、敵方を侮辱する悪口合戦という遊びに移行するのはまことに自然なことだ」**――『罵《ば》詈《り》雑言《ぞうごん》辞典』などという本も出ている。悪口はとくに子供の好きな言葉遊びである。この遊びを通して子供は語彙《ごい》をふやし、言語感覚を磨き、表現力を身につける。

▽**「ギリシア人は、何でも競争する可能性のある事柄については、競技を催すのを常とした。男性美コンテストはパンアテーナイ祭の一部をなしていた」**――パンアテーナイ祭は毎年七月ごろ、女神アテーネーを祝して行われる祭典で、音楽コンクールや陸上競技大会などもあった。トロイア戦争もそもそものきっかけは美人コンテストだった。古代オリンピックの多彩な競技種目なども、ギリシア人の遊び心のあらわれであろう。

▽**「遊びがもはや遊びではなくなっている人びと、高い能力を持ちながら、その地位では**

真に遊ぶ人間の下に位置させられるプロ遊戯者のあり方には、もはや真の遊びの精神はない。こうして現代社会ではスポーツはしだいに純粋の遊びの領域から遠ざかってゆく。それはもはや遊びではないし、それでいて真面目でもないのだ」——オリンピック大会もしかりである。遊戯者、観衆にとって意義あるものだとしても、それは文化とは無縁な、ひとつの不毛な機能に過ぎない、とホイジンガは言う。

▽**「私は、今日の社会の危険ないくつかの現象は、一括して小児病という名で呼ぶのがよいと考えている」**——小児病とは、ユーモア感覚の欠如や不寛容、要するに、遊びの精神の欠如から生まれる症状である。ここには暗にヒトラーへの批判が込められている。

編者からひとこと　ホイジンガが現代に生きていたら、遊びとの関係で、とくに科学技術に注目するにちがいない。電話ははじめ玩具と見なされ、自動車エンジンの開発競争は自動車レースとともに歩み、初期の飛行機も同様である。コンピュータについては言うまでもない。パソコンが現在のように普及する以前に、子供たちはコンピュータ・ゲームに熱中し、それに応えるために、大人たちは新たなソフトの開発に腐心した。コンピュータは遊びのなかで、遊びを通して、発達したと言っていい。携帯電話も同様である。

[文献案内] 高橋英夫訳（中公文庫）。

人間の能力と努力の可能性を示した生涯

「わたしの生涯」

ヘレン・ケラー

著者と作品紹介

アメリカの女流作家、社会福祉事業家、ヘレン・ケラー(一八八〇—一九六八)は、生後十九か月の時、病気で視力と聴力を失い、耳が聞こえないために話すこともできなくなり、盲《もう》・聾《ろう》・啞《あ》という三重の障害を負ったが、家庭教師サリヴァンの献身的な指導と本人の努力によって、指を使うコミュニケーション法や点字を学んで知識を習得し、大学を卒業した。『わたしの生涯』(一九〇三)は、幼いころから大学在学までの生涯を綴ったもので、いかにして言葉を覚え、知識を身につけたかが記されている。その後、各地での講演などによる基金をもとに社会福祉事業を行った。彼女の生涯そのものが、人間の能力と努力の可能性を示す一例だった。三回来日している。

要約

すべてのものに名前がある！

幼いときの記憶で、はっきり思い起こせるのはわずかで、あとは音も光もない暗闇の世界に隠れてしまっている。生まれて一歳七か月のとき、熱病のために、目からは光が、耳からは音が奪われ、それから何年かして、サリヴァン先生がやって来て私の心を解放してくれたのだ。私の七歳の誕生日の三か月前のことで、その日を境に新しい人生がはじまった。

サリヴァン先生は、パーキンス盲学校の子供たちからのプレゼントの人形を私にくれた。しばらくその人形で遊んでいると、先生は私の手にゆっくりとd-o-l-l（人形）と指文字を綴った。私はすぐこの指遊びが気に入り、真似をしてみた。やっとその文字が正しく書けるようになると、子供っぽい喜びと誇りでいっぱいになった。

ある日、井戸を覆うスイカズラの香りに誘われ、小道を歩いていた。誰かが井戸水を汲んでいた。先生は私の片手を取り、水の噴出口の下に置いた。冷たい水が手に流れ落ちる。先生は私のもう片方の手に w-a-t-e-r と綴りを書いた。私はその指の動きに全神経を傾けていた。すると突然、まるで忘れていた言葉をぼんやりと思い出したかのような感覚に襲われた。感激に震えながら、頭のなかが徐々にはっきりしていく。言葉の神秘の扉が開かれたのである。このときはじめて、w-a-t-e-r が、私の手の上に流れ落ちる、このすてきな冷たいものの言葉だとわかったのだ。

この「生きている言葉」のおかげで、私の魂は目覚め、光と希望と喜びを得た。私は学びたくてたまらなかった。すべてのものには名前がある！　名前をひとつ知るたびに、新たな考えが浮かんでくる。

こうして私は、言葉をおぼえ、本が読めるようになり、全存在を短い一日に注ぎ込む小さな虫のように、私の人生は忙しく活動しはじめた。

憧れの大学に入学

十六歳のとき、ラドクリフ・カレッジ（ハーバード大学の女子部にあたる）への進学準備のため、ボストン郊外のケンブリッジ女学校に入学した。女学校ではサリヴァン先生もいっしょに授業を受け、教師の話をすべて私の手に指文字で綴ってくれた。教師との会話は相手の唇に手をあてて言葉を読む読唇術で行った。教科書は浮き出し文字や点字で読み、作文や外国語の翻訳などは、すべて自分でタイプライターで打った。女学校では、生まれてはじめて、同じ年頃の、目が見え耳が聞こえる女子生徒との交友を楽しんだ。サリヴァン先生がいちいち通訳しなくてもすむように、指文字を覚えてくれた友人もいた。

そして、十九歳になったばかりのある日、大学進学のための最終試験を受けた。一日目は、ギリシア語初級とラテン語上級、二日目は幾何《きか》、代数とギリシア語上級だった。試験問題はすべて点字に直され、私はそれを指で読んで、タイプライターで答えを打った。

まだ小さかったころ、「いつか大学へ行くわ。それもハーバードよ！」と言って、友達を驚かせたことがあった。試験に合格し、ついに待ち焦がれていたその日がやってきた。

大学一年目には、フランス語、ドイツ語、歴史、英作文、英文学を勉強した。講義はものすごいスピードで私の手に綴られ、言葉がかけ抜けて行く。講義中はノートを取れないので、家に帰ってから、思い出せることを書きとめた。授業で指定された本で、視覚障害者用に印刷されたものはまずないので、本の内容を指文字で綴ってもらわなくてはならない。行く先々でさまざまな障害があることはわかっていた。それでもその障害に打ち勝ちたかった。私は、やる気に燃えて勉強した。すべての知識を手にできる力が自分のなかにはある、と思った。この素晴らしい知の世界では、私も自由になれるのだ！

▽「自分の思いがわかってもらえないと、かならず怒りが爆発した。意志伝達の手段を手に入れたいという思いが抑えきれず、毎日、一時間ごとに大暴れするようになった」——ヘレンは、暴君のように振舞い、手にさわるものは何でも床にたたきつけていたと、サリヴァンは、最初の印象を報告している。

▽「皆さんは、濃い霧の海を航海したことがあるだろうか？　まるで立ちはだかる白い闇のような霧。そのなかを船が手探りで岸に向かって進む。教育がはじまる前の私は、この船のようだった」——明かりを、明かりを、と魂が言葉にならない叫びをあげていた、まさにそのとき、愛の光が私を照らした、と彼女は記している。

▽「実はいまでも自分の考えと、本で読んだものとの区別がきちんとつかない。これは、私が得た知識や印象の多くが、他人の目と耳を介するためであろう」——サリヴァン先生から教育を受けてから五年後、ヘレンは、「霜の王様」という物語を書き、これが、一時視力障害だったサリヴァン先生が在学していたパーキンス盲学校の校報に掲載され、その文才が話題になった。しかし、これとほとんど同じ内容の童話がすでに存在することがわかり、「霜の王様」はその盗作ではないかと疑われた。調査が行われ、彼女が無意識のうちに、以前読んだ本の話をほぼそのまま書き綴っていたことがわかっ

た。彼女は大変な読書家だった。

▽**「幾何の授業では、黒板に書かれた図形を直接見ることができない。そこで、図形をきちんと理解するために、クッションの上に、針金で直線や曲線の図形をつくり、手で触れて確かめるのだ」**——こうして彼女は幾何を学び、大学に入学できたのである。

▽**「私の趣味、娯楽の範囲は広く、多岐にわたっている」**——ボート漕ぎ、水泳、カヌー、ヨット、チェッカー、チェス、ひとり遊びのトランプなどを彼女は楽しんだ。

▽**「人と握手をする時、その手は無言のうちにさまざまなことを伝えてくれる」**——手の感触で無礼な人だとわかれば、手のなかに日の光が射しこんでいるような人もいるという。「十九世紀の二人の傑出した人物」にナポレオンとともにヘレン・ケラーをあげたマーク・トウェインと握手した彼女は、彼の目の輝きをその手に感じる、と言っている。ヘレンにとって、手はまさに「目」であった。

編者からひとこと　本書は電話の発明者として名高いアレクサンダー・グラハム・ベルに献呈されているが、そもそもサリヴァン先生との出会いも彼のおかげだった。ベルは聴覚障害者の教育に尽力していて、電話の発明もその研究の一環であった。

[文献案内]　岩崎武夫訳（角川文庫。最初の自伝のほか、「濁流を乗りきって」「闇に光を」の続編も収められている）、小倉慶郎訳『奇跡の人　ヘレン・ケラー自伝』（新潮文庫）。

毅然とした誇り高い人間であれ

「ツァラトゥストラかく語りき」

ニーチェ

著者と作品紹介

ドイツの哲学者、フリードリヒ・ヴィルヘルム・ニーチェ（一八四四—一九〇〇）は、二十五歳という異例の若さでスイスのバーゼル大学の古典文献学（古代ギリシアの文献の研究）の正教授になるが、十年後、病気のため退職し、以後、夏はスイス、冬はイタリアに住み、孤独な生活のなかで著作活動をつづけた。四十四歳のとき、精神に異常をきたし、回復することなく生涯を閉じた。『ツァラトゥストラかく語りき』（一八八三—五）は、古代ペルシアの預言者ゾロアスターに名を借りた主人公の言行録という形式をとって、人間とは何かについて、ニーチェの思想が語られている。描かれているのは、毅然として誇り高く、感性ゆたかな、雄雄しい人間像である。

要約

自分自身を見つけよ

君はまだ自由ではない。まだ君は、自由を求めている。求めることが、君を夜も眠らせないのだ。君はまだ勝手に自由を思い描いているひとりの囚人にすぎない。君の魂に住む英雄を見捨ててはいけない。君の最高の希望を神聖なままに保つのだ。君たち、激しい労苦を好み、速いもの、新奇なもの、珍奇なものを好むすべての者たち――君たちには、堅忍不抜《けんにんふばつ》の心が足りない。君たちの勤勉は、すなわち逃避、自分を忘れたいという意志なのだ。

わが友よ、逃れよ、君の孤独のなかへ。森と岩は、君を迎えて厳かに沈黙することを心得ている。君はふたたび、君の好きな木、あの枝をひろげた木に倣《なら》うがいい。あの木は静かに耳を澄ませて、海辺にそそり立つ崖の上に懸っている。

孤独が終わるとき、そこに市場というものがはじまる。市場には、もったいぶった道化師たちが満ちている。

すべての深い泉にとって、体験とはおもむろに訪れるもの。その深みへ何が落ちてきたかを知るまで、泉は長く待たねばならない。偉大なものは、すべて市場と名声から遠ざかる。昔から新しい価値の創始者たちは、市場と名声から遠く離れて住んでいた。

まずは勇気を出して、自分自身を信じることだ——君たち自身と君たちの内臓を信じることだ。おのれを信じない者は、嘘を重ねてばかりいる。

君たちはこの私を尊敬している。だがその尊敬の念が、いつか崩れるかもしれない。用心せよ、倒れ落ちる立像に、君たち自身が押しつぶされることのないように。

君たちは言う、ツァラトゥストラを信じていると。君たちは、いまだ自分自身を探し求めなかった。その前に、たまたま私を見つけたのだ。君たちに命令する、私を捨て、君たち自身を見つけよ、と。

高貴な人間の条件

人間は赤い頬をした動物である。どうして人間は頬が赤くなったか。あまりにもしばしば自分を恥じなければならなかったからである。

羞恥《しゅうち》、羞恥、羞恥——それが人間の歴史なのだ。

それゆえ、高貴な人間は、他人に恥ずかしい思いをさせないように自戒する。

まことに私は、他人に同情することによって密かに幸福を感ずるような憐れみ深い人たちを好まない。彼らにはあまりにも羞恥心が欠けている。

私は、同情せざるを得ないときにも、同情深い人とは言われたくない。たとえ同情するにしても、私は距離を置いて遠くからそうしたい。できることなら顔を隠し、私と気づかれないうちに、そこから逃げ出したい。

わが運命がいつも君たちのように悩みなき人に出会わせてくれますように、希望と食卓と蜜とをともにできる人たちに出会わせてくれますように！

まことに私は悩める人たちのために何ほどかのことをしたことはある。しかし、それ以上に良いことをしたと思えたのは、私自身がより大きな喜びをおぼえたときである。

人間が存在しはじめてからこのかた、人間はあまりにも喜ぶことが少なかった。そのことだけが、わが兄弟たちよ、われわれの原罪なのだ。もっと喜ぶことを学んだならば、われわれは他人を苦しめたり、他人の苦痛になることを考え出したりはしないだろう。

人間が復讐心から解放されることこそ、私にとって、最高の希望への懸け橋であり、長い嵐の過ぎ去った大空にかかる虹である。

▽**「山脈のなかでは、最短の道は山頂から山頂へ渡ることである。だが、そのためには長い脚を持たねばならない。箴言《しんげん》とはそのような山頂でなければならぬ」**――簡潔な表現によってものごとの真理や核心を突く言葉、それがいわゆる「寸鉄、人を刺す」箴言、あるいは、アフォリズムである。ニーチェはドイツでは、ゲーテにならぶ名文家で、アフォリズムによっていままで誰も気づかなかったことを表現するところに特徴がある。「私の野心は、ほかの誰もが一巻の書で言うことを、ほかの誰もが一巻の書でも言わないことを、十の文章で言うことである」と言っているが、彼はこの野心を存分に実現し、後の思想家に絶大なる影響を与えた。現代の哲学はニーチェなしには考えられないとさえ言われる。

▽**「人間たちとともに生きるのは難しい。それは、黙っていることがまことに難しいからである」**――いまさら言うまでもなく、「口は禍のもと」、「雄弁は銀、沈黙は金」である。われわれは知らなくてもいいことを知りたがり、言わなくてもいいことを言いたがる。「われわれは誰についても少し余分に知りすぎている」とも、ニーチェは言っている。

▽**「隣人を自分自身と同じように愛するのもいいだろう。だが、何よりもまず自分自身を**

愛する者となれ」――ニーチェがもっとも熱烈に語るのは、自分の生を肯定し、自分の運命を受け容れること、そして、自分の生き方を貫くことである。彼のモットーは「お前自身になれ」という古代ギリシアの詩人、ピンダロスの言葉である。「君たちが隣人を愛するのは、自分自身をうまく愛せないからなのだ。君たちは、自分自身から逃げ出して、隣人のもとへと走り、それをひとつの美徳に仕立て上げようとする」と語るニーチェは、人間の深層心理を抉《えぐ》り出す心理学者でもある。

▽**「〈何からの自由?〉そんなことにはツァラトゥストラは関心がない。君の目が私にははっきり告げねばならぬのは〈何のための自由〉ということだ」**――ニーチェは、『自由からの逃走』のエーリッヒ・フロムの先駆者である。「自分に命令する力のない者ほど、自分を命令する者を求める」というのもニーチェの言葉である。

（編者からひとこと）　ニーチェは強力な思考の刺激剤である。本書のほかに、『人間的な、あまりに人間的な』『曙光《しょこう》』『華やぐ知恵』などを開けば、彼の著作全体が名言の宝庫であることがわかるはずである。日本の短編小説の名手、芥川龍之介は、ニーチェに触発されて、箴言集『侏儒《しゅじゅ》の言葉』を書いた。

[文献案内]『ツァラトゥストラ』（手塚富雄訳・中公文庫）（吉沢伝三郎訳・ちくま学芸文庫）（丘沢静也訳・光文社古典新訳文庫）、『ツァラトストラかく語りき』（竹山道雄訳・新潮文庫）、『ツァラトゥストラはこう語った』（氷上英廣訳・岩波文庫）、『ツァラトゥストラはこう言った』（薗田宗人訳・白水社）。

人間の生き方を問う長編小説

「戦争と平和」

トルストイ

著者と作品紹介

ロシアの小説家、レフ・ニコラエヴィチ・トルストイ（一八二八―一九一〇）の長編小説『戦争と平和』（一八六九）には、一八〇五年のアウステルリッツの戦いと、一八一二年のナポレオンのロシア遠征という史実を背景に、さまざまな人間の生き方や考え方、社交界や家庭生活の様子などが描かれている。登場する人物は、ナポレオンやロシアの皇帝、軍人をはじめ、貴族、市民、農民など、五百人を超える。中心となるのは、アンドレイ・

ボルコンスキー公爵と、ピエール・ベズウーホフ伯爵、そして、アンドレイと婚約するものの、彼の死後、ピエールと結婚するナターシャ・ロストワの三人。トルストイ自身の生き方や考え方は、ピエールに表現されている。

要約

ふたたび人生の春を迎えたように

戦場での負傷から回復して故郷に帰ったアンドレイ公爵は、若葉をひろげている樫の老木を見上げ、その生命力に感動した。すると不意に、喜びと再生を告げる春の声が彼の心を目覚めさせた。「人生が三十一歳で終わるわけがない」と彼は自分に言いきかせた。

「かつて一度も味わったことのない気持ちさ。ぼくは恋をしたんだ」とアンドレイ公爵はピエールに向かって、幸福のエゴイズムをむきだしにして言った。

「ナターシャに？」とピエール。

「そうだよ。ほかに誰かいるかい。ぼくのいまの気持ちを誰かに打ち明けずにはいられないんだよ。ぼくがこれほど愛することができるなんて思ってもみなかったことだ。ぼくにとって、全世界が真っ二つに分けられてしまったんだ。片方の半分には、彼女がいて、すべての幸福と希望がある。別の半分には、彼女はいない、そこは沈黙と闇ばかりだ……」

アンドレイ公爵はナターシャと婚約したが、ある放蕩《ほうとう》貴族に誘惑されたナターシャは婚約を破棄し、ボロジノの会戦で負傷したアンドレイ公爵は死の床にあった。彼は自分が死ぬことを知っていたばかりか、地上の一切のものから隔絶され、もう半分死んでいることを感じ、心を乱しもせずに、自分の前にあらわれるものを待っていた。懺悔式《ざんげしき》と聖餐式《せいさんしき》が行われ、家中の者が最後の別れに来た。霊魂が肉体をはなれる臨終の痙攣《けいれん》がきたとき、ナターシャがその場に付添っていた。彼女は、生命のない目を見ると、急いでそれをつぶらせ、「どこへ行ってしまったのかしら、今ごろどこにいるのかしら……」と呟いた。

あたし、たまらなくあなたが好きだわ！

ピエールがフランス軍の捕虜になってから四週間がすぎた。人間の耐えうる極限の窮乏のなかで、彼は、以前はあれほど渇望しながらも得られなかった、安らかな心と自分にたいする満足を得ることができた。ナポレオン暗殺の企てや別れた妻のことなど、今の彼には滑稽にさえ思われた。苦悩がないこと、要求が満たされること、そして、自分の生活を自由に選べること、これこそが人間の最高の幸福だと彼は思った。人間というものは幸福のために創られていること、幸福は人間の自然の要求を満たすことにあり、不幸は不足からではなく、ありあまることから生じるのだということを、自分の全存在によって知った。

フランス軍から救出されたピエールはモスクワに帰り、自分が体験したすべてのことをナターシャに語った。彼女は、自分では知らずに全身を注意のかたまりにして、ピエールの話に耳を傾けた。

「あの方はなんだか清潔で、つやつやして、さわやかな感じになったわ。まるで湯浴みしたみたい。心の湯浴みを」とナターシャは思った。

ナターシャは一八一三年の早春、ピエールと結婚し、一八二〇年にはもう三人の娘と一人の息子の母になっていた。その顔には、昔のように、彼女の魅力をつくっていたあのたえず燃えたつ生命の火はなかった。彼女がすっかり没頭していた対象は、家庭であった。腹に宿し、生み、育て、そして教育しなければならぬ子供たちと夫であった。

ピエールは、今では、自分は悪い人間ではないという確固たる自覚を持つことができたが、それは妻のなかに映し出されている自分を見ていたからだった。自分のなかにはすべての良いものと悪いものとがまじりあっているのを感じていた。しかし、妻に映っている彼の映像は良いものばかりだった。

ある日、ふたりで四方山《よもやま》話をしていると、不意にナターシャは言った。

「あたし、たまらなくあなたが好きだわ！　たまらなく、たまらなく！」

▽「何が悪いのか、何がよいのか、何を愛し、何を憎まねばならないのか、何のために生きるのか、そして、自分はそもそも何なのか、生とは何か、死とは何か、全体をあやつっているのはどんな力なのか、と、ピエールは自分に問いかけたが、これらの問題のどのひとつに対する答えもなかった」——『アンナ・カレーニナ』でも、トルストイの分身であるリョーヴィンが同じ問いかけをしている。トルストイは『戦争と平和』を含め、すべての作品を通して、この問いに答えようとしたのである。

▽「〈ねえ、ナターシャ〉と、アンドレイ公爵の妹のマリヤは言った。〈兄が幸福を見つけたことを、わたし喜んでおりますのよ……〉彼女は自分が嘘を言っていることを感じて、口ごもった。ナターシャは彼女が口ごもったことに気づいて、その理由を察知した」——マリヤはナターシャの若さと美しさと幸福への無意識の嫉妬から、彼女に反感を抱いていた。このような人間の隠された心理を冷酷に見つめ、直截《ちょくせつ》に表現するのがトルストイ文学の特徴のひとつで、随所にそのような洞察が見受けられる。

▽「一八一二年六月十二日、西ヨーロッパの軍勢がロシア国境を越えた。そして、戦争がはじまった。すなわち、人間の理性と人間のすべての本性に反する事件が起こったのである。数百万の人びとがたがいに数かぎりない悪逆、欺瞞、背信、窃盗、紙幣の偽

造と行使、略奪、放火、虐殺など、世界中の裁判所の記録が何百年かかっても集めきれないほどの犯罪を犯しあい、しかも、この時代に、それを犯した人びとは、それを犯罪と思わなかったのである」――ナポレオンは大量の偽造ロシア紙幣を持って行ったという。紙幣の偽造と行使を除いて、このトルストイの指摘は今でもそのまま当てはまる。

▽「**〈わしはずいぶん非難されたよ〉**とクトゥーゾフは言った。**〈戦争のことでも、講和のことでも……でも、何事にも潮時というものがある。待つことを知っている者には、すべてが潮時にやってくるものだ〉**」――ナポレオンにたいして退却作戦およびモスクワ焦土作戦をとって、最後の勝利をかち得たロシア軍総司令官クトゥーゾフを、トルストイは高く評価している。「ごく平凡な人間で、ごく普通のことしか語らなかった」クトゥーゾフについて、「素朴な、謙虚な、だから真に偉大なこの人物」とトルストイは言っている。

編者からひとこと　父親から莫大な遺産を相続したピエールは、最初の結婚に失敗してから、酒びたりの日日を送るようになり、モスクワの社交界の花形となって、大散財を繰り返すという破滅的な生活をつづけていた。ところが、捕虜体験を機に、人間が生まれ変わる。この小説は、ピエールという人物の魂の遍歴を描いた物語として読むこともできる。

[文献案内] 米川正夫訳（岩波文庫）、工藤精一郎訳（新潮文庫）。

若者の生き方を考えさせる

「罪と罰」

ドストエフスキー

著者と作品紹介

ロシアの小説家、フョードル・ミハイロヴィチ・ドストエフスキー（一八二一―八一）は、モスクワに医師の次男として生まれ、二十四歳で『貧しき人々』によって文壇にデビューしたが、その四年後、革命思想を奉ずるサークルに加わった廉《かど》で逮捕され、銃殺刑を宣告された。執行直前に皇帝の恩赦によって銃殺を免れ、四年間のシベリア流刑と兵役勤務を言い渡された。服役後、その体験をまとめた『死の家の記録』をはじめ、『悪霊』『白痴』『カラマーゾフの兄弟』など、世界文学史を飾る傑作を発表した。『罪と罰』(一八六六)も彼の代表作のひとつで、主義主張のために殺人を犯したひとりの若者の思想と行動と心理を通して、人間の生と苦悩が綿密に描かれている。

要約

殺人を是認するラスコーリニコフの哲学

七月はじめの酷暑のころの夕暮れ、ラスコーリニコフは町の雑踏を通り抜け、ある建物の裏口階段をのぼって行った。二十二歳の大学中退生で、黒い目がきれいに澄み、栗色の髪の、やや背の高い、驚くほどの美青年だった。彼は部屋の呼鈴を押した。ドアがわずかに開かれ、六十前後のひからびたような小さな老婆が立っていた。

「この時計でどのくらい貸してもらえるかね、アリョーナ・イワーノヴナ?」

「よくもまあ、くだらないものばかり持ってきますねえ、学生さん。一ルーブリ半で利息天引きだね。いやなら結構だよ」青年は争う気もなく、金を受け取った。

翌朝おそく不安な眠りから覚めたラスコーリニコフは、憎悪の目で穴倉のような、奥行き六歩ばかりの自分の部屋を見まわしていた。

「起きなさい、いつまで寝ているの」と、下宿屋の女中のナスターシャがお茶を持って来た。「以前は家庭教師をしているとか言ってたけど、このごろはどうして何もしないのさ?」

「しているよ……」と、ラスコーリニコフはぶっきらぼうに言った。

「何をしているの?」

「仕事だよ……」

「どんな仕事?」

「考えごとさ」彼は真面目な顔で答えた。

彼は以前、雑誌に発表した『犯罪者の心理について』という論文のことを考えていた。彼はこう主張した——すべての人間は「凡人」と「非凡人」に分けられ、前者は服従の生活をしなければならないが、後者は、人類のために選ばれた人間であって、社会の道徳や法律をこえることが許され、犯罪を行う権利さえ持っていて、「凡人」を抹殺してもよい、と。彼は自分が「非凡人」であることを証明するために、社会でもっとも有害無用な存在と思われる金貸しの老婆を殺す機会をうかがっていた。それこそ自分が「偉大な人間」になるための「新しい一歩」だと考えていた。

「まあ、人間をしらみだなんて!」

金貸しの老婆と、たまたまそこへ来合わせた老婆の義理の妹とを殺害したラスコーリニコフは、犯行直後から何度も自首しそうになった。いざ実践してみると、その途端に自分の理論に確信が持てなくなったからである。警察が自分を追っているような気がする。いっそどこか遠く、アメリカにでも逃げようかとも考える。

結婚話につられて上京してきた妹と母親との葛藤や、貧窮のどん底で哀れな末路をたどる娼婦ソーニャの家族の悲劇などで心を痛め、そのうえ、罪を犯したことによって次つぎと涌く恐怖と妄想に苛《さいな》まれるラスコーリニコフは、「ぼくはナポレオンになろうと思って、殺したんだ。ぼくはしらみを殺しただけなんだよ」とソーニャに罪を告白した。

「まあ、人間をしらみだなんて」と、ソーニャは言った。「あなたが汚した大地に接吻し、世界中の人びとに大声で、〈私が殺しました!〉と言うのです。そうしたら神さまがまたあなたに生命を授けてくださるでしょう」

この敬虔《けいけん》なソーニャの言葉に心をうたれ、ラスコーリニコフは自首し、八年の刑期を言い渡された。ソーニャは流刑地に同行し、愛が二人をよみがえらせた。ラスコーリニコフは自分が新たに生まれ変わったことを感じていた。ソーニャは彼を自分の生きる糧としていた。こうして人間がしだいに更生し、これまでまったく知らなかった新しい現実を知る物語がはじまっていた。

▽「何かで読んだことがあった。ある死刑囚が死の一時間前に、どこか高い絶壁の上で、しかも二本の足をおくのがやっとのような狭い場所で、生きなければならないとしたらどうだろうと、語ったか考えたかしたという話だ。まわりは深淵、永遠の闇と孤独と嵐。そこで生涯を送る、いや、千年も万年も立ちつづけていなければならないとしたら……それでも生きていられさえすれば、生きていたいという。何という真実だろう！」——極限状況のなかで生きるラスコーリニコフの心理を語る言葉である。長編小説『白痴』には、ドストエフスキー自身の体験を踏まえて、「もし死なないとしたら、一分一分を百年のように大事に無駄なく使おう」という、銃殺寸前に命拾いした男の言葉が記されている。

▽「明朗な心と、清新な感覚と、素直な清らかな情熱を老年まで保っている婦人は、たいていは若く見えるものだ」——ラスコーリニコフの母親について述べたものであるが、男性についても当てはまるのではなかろうか。ちなみに、彼女は四十三歳である。ドストエフスキーの時代、この年齢ですでに「老年」と見なされていたようだ。

▽「良心がある者は、あやまちを自覚したら、苦悩するでしょう。これがその男にくだされる罰ですよ、苦役以外のですね」——これが「罪と罰」の「罰」の意味であり、この

小説の最大のメッセージでもある。「非凡人」は罪を罪とも思わないので、良心の呵責《かしやく》に苦しむことがない。ラスコーリニコフは、良心の呵責を自覚して、自分が「凡人」であることを認めざるを得なかったのである。

▽**「あなたに何よりも必要なものは、生活です。はっきり定まった境遇です」**——ラスコーリニコフは暗い穴倉のような下宿のベッドでいつもごろごろしている、いわば「ひきこもり」の、空想ないし妄想の世界に生きる若者である。彼らに欠けているのは生活の実感である。ラスコーリニコフにはロシア語で「分裂した男」といった意味があるが、ともすると分裂しがちな人間を真っ当にし、妄想から現実へ引き戻すもの、それが、日日の生活であり、仕事である。彼はそのことを流刑地で体験することになる。

編者からひとこと　若者の生き方という面から、『罪と罰』は現在でも示唆するところの多い作品である。また、「非凡人」による「凡人」の支配を是認する考え方は、たとえば、超大国によるいわゆる「テロ国家」への攻撃を認める考え方に通ずるものがある。ドストエフスキーの小説は長すぎて読むのが面倒だという人には、ドストエフスキーのエッセンスがぎっしりつまっている『死の家の記録』をおすすめしたい。囚人たちを立ち直らせたのは、監獄内でのさまざまな手仕事だったと記されている。

［文献案内］米川正夫訳（全二冊、角川文庫）、江川卓訳（全三冊、岩波文庫）、工藤精一郎訳（全二冊、新潮文庫）、亀山郁夫訳（全三冊、光文社古典新訳文庫）など。

努力するかぎり人間は迷う

「ファウスト」

ゲーテ

著者と作品紹介

ドイツの詩人・小説家・劇作家、ヨハン・ヴォルフガング・ゲーテ（一七四九―一八三二）は、二十五歳のとき、自分の失恋体験をもとに書いた『若きヴェルテルの悩み』で一躍小説家として盛名を馳せ、その後、ヴァイマル公国に就職し、内閣長官や大蔵大臣などの要職に就く傍ら、創作活動をつづけ、また、色彩論や動植物形態学などの、自然科学の研究も行った。主著『ファウスト』（第一部一八〇六、第二部一八三二）は、着手から完成まで約六十年を費やした戯曲で、学問と知識に絶望した学者のファウストは、悪魔のメフィストフェレスと契約を結んで若返り、少女グレートヒェンを誘惑して破滅させ、また、時空を超えたさまざまな体験をする。

要約

世界を奥の奥で動かしているものを知りたい

ファウスト（高い丸天井の狭い部屋で机に向かっている）　哲学、法学、医学、それに神学まで研究しつくしたが、このとおり愚かな私だ。結局わかったのは、何も知ることができないということだ。それを思うと、胸が張り裂けそうだ。世界を奥の奥で動かしているものを知りたい、その力と種子をこの目で見きわめたいと、魔法にまで没頭した。

まどかな月よ、おまえの光を浴びて山の頂を歩き、おぼろにかすむ野をさまよい、あらゆる知識の垢を洗い流し、おまえの露に浴してすこやかな自分になりたい。

メフィストフェレス（煙のなかからあらわれる）　先生のふさぎの虫を追い払ってさしあげようと、参上つかまつりました。先生には、思う存分、自由気ままにこの人生なるものを味わっていただきたいのです。あらゆる理屈は灰色で、緑に茂るのは生命の黄金の木です。

ファウスト　遊びほうけるには年をとりすぎ、無欲になるには若すぎる。世界が私に何を与えてくれるというのだ。生きていることは重荷だ。

メフィスト　私はこの世ではあなたの家来になって、言われるままに何でもいたしましょう。しかし、あの世では、同じ事をあなたが私にするというのはいかがでしょうか。

ファウスト　あの世のことなど私にはどうでもいい。私が心から満ち足り、その瞬間にたいして「とまれ、おまえは実に美しい」と言ったら、それきり私は滅びてもいい。

メフィスト　念のため、血を一滴たらして証文に署名していただきたいのですが。

ファウスト　それで気がすむのならそうしよう。私は全人類に課せられたものを自分自身の心で味わってみたい。人類の幸福と苦悩をこの胸で受けとめ、この私の自我を人類の自我にまで拡大し、最後は人類と同様、私も砕けよう。

メフィスト　結局のところ、あなたはあなたです。いくら高い上げ底の靴をはいても、あなたがあなたであることには、かわりがない。

ファウスト　そこでまず、何からはじめればいい。

メフィスト　あなたを魔女の秘薬で若返らせて、それから街へくりだしましょう。

永遠の女性なるもの、われらを高く引きゆく

ファウスト（非常な高齢）私はひたすら世界を駆けめぐり、あらゆる快楽の襟髪をつかみ、ひたすら熱望し、ひたすら望みをとげ、さらに欲望を新たにして、力ずくで生き抜いた。

この世のことは存分にわかった。有能な人間にたいしては、この世界は雄弁だ。（宮殿から歩み出る）私のために大勢の人間が働いている。やがて立派な堤防が築かれる。日日あらたに自由と生活とをたたかい取る者のみが、自由と生活とを楽しむことができる。私はそういう人びとの群れを見たい。自由な大地で自由な民とともに生きたい。そういう瞬間に向かって、私はこう呼びかけたい。「とまれ、おまえは実に美しい」と。そういう無上の幸福を予感して、いま、最高の瞬間を味わうのだ。（ファウスト、倒れる）

メフィスト　どんな快楽にも飽き足らず、どんな幸福にも満足せず、転変する幻を追いかけつづけた男だった。なかなか手強い相手だったが、このとおり倒れている。（天使、ファウストの霊を持って空高く昇って行く）どこへ消えてしまったのか、おれの大事な宝物、担保にとっておいたあの上等な魂をやつらはさらって行ってしまった。

天使　絶えず努力する者を、われらは救うことができる。

神秘の合唱　すべて移ろいゆくものは、永遠なるものの比喩にすぎず、満たされざるもの、いまここにて満たされ、名状しがたきもの、ここにて成就す。永遠の女性なるもの、われらを高く引きゆく。

▽**「人間は努力するかぎり、迷うものだ」**――ファウストは自分に満足できず、つねにより高いものを求めて努力する人間である。そもそも、それまでの自分の生き方や学問研究にたいするファウストの不満がこの物語の発端である。満ち足りないものがあるからこそ、人間は努力し、ものごとは進歩あるいは進展する。そのような人間像の代表として描かれているのが、ファウストである。ちなみに、ファウスト（Faust）は、中世ドイツの伝説上の人物名からきているが、ドイツ語で、「握りこぶし、げんこつ」という意味がある。

▽**「あのわずかな木立が自分のものではないということが、世界をわがものとする願いをそこねている」**――第二部で、皇帝に仕え、国難を救ったファウストは、与えられた海辺の領地を開墾し、運河を通し、港をつくり、豪華な宮殿をたて、地上の楽園を楽しむことができるようになる。もちろん、メフィストフエレスのおかげである。しかし、満足することを知らないファウストは老夫婦の住む丘の上の土地が欲しくて堪らない。「われわれがいちばんつらい思いをするのは、ゆたかさのなかにありながら、自分に欠けているものを感じるときだ」と、ファウストは言う。世のほとんどの愚行や不幸は、ここから生まれる。

▽「バラを見たら詩を書け、リンゴを見たらかじりつけ」——ゲーテにとって「バラ」でもあり「リンゴ」でもあったもの、それは女性である。ゲーテの生涯と創作において もっとも大きな影響を与えたのは、その数々の女性遍歴だった。彼は行く先々で美しいバラを愛でて詩を書き、リンゴの美味を味わった。グレートヒエンの物語にはその罪滅ぼしの気持ちも込められている。

▽「**心の底から出たものでなければ、けっして心から心へ伝わるはずがない**」——〈どうしたら弁舌で人を動かすことができるでしょうか〉と弟子にきかれて、ファウストはこう答えた。問題は、心の底に、何か伝えるべき大事なことが溜まっているかどうかである。人を感動させるには、まず、自分自身が感動しなければならない。

編者からひとこと　教養の基礎は、文学である。その文学の基礎教養図書、教養をつけたい人の必読書はたくさんあるが、ゲーテの場合、『若きヴェルテルの悩み』と『ファウスト』のふたつははずせない。ギリシア神話の世界が舞台となっている『ファウスト』第二部は難解と言われているが、「欲と努力の人・ファウスト」という視点から読むとわかりやすいはずである。ほかに読みやすいゲーテの作品として、その人間像が髣髴《ほうふつ》とする自伝『詩と真実』、心あたたまる中編小説『ヘルマンとドロテーア』を推薦したい。

［文献案内］相良守峯訳（岩波文庫）、柴田翔訳（講談社文芸文庫）、池内紀訳（集英社文庫）、高橋義孝訳（新潮文庫）、手塚富雄訳（中公文庫）、山下肇訳（潮出版社）。

この世は苦悩の泉と覚悟せよ

「意志と表象としての世界」
ショーペンハウアー

著者と作品紹介

ドイツの哲学者、アルトゥール・ショーペンハウアー（一七八八―一八六〇）は、二十代のはじめ、富裕な商人だった父親の遺産によって生活を保証された生涯を哲学に費やすことを決意し、三十歳で主著『意志と表象としての世界』（一八一九）を完成したが、ほとんど反響はなかった。ベルリン大学でヘーゲルに対抗して同じ時間に講義を行ったが、聴講生は集まらず、失望。しかし、主著の続編を執筆しつづけ、ようやく死の数年前ごろから広く読者を獲得し、認められるようになり、ニーチェをはじめ、後の哲学者に大きな影響を与えた。著者は、この世界が苦悩に満ちていることの必然を詳細に述べたうえで、苦の世界から救われ、解脱する方法を説いている。

要約

世界は私の表象であり、私の意志である

ものごとを認識する人間にとって、ひとつの真理がある。それは「世界は私の表象（ものごとを目前に見るように心に思い描くこと。イメージ、観念など）である」という真理である。認識にたいして存在するすべてのもの、つまりこの世界は、実は、主観との関係における客観にすぎず、眺める者あっての眺められる世界にすぎず、ひとことで言えば、表象にすぎないという真理である。

すべてを認識するが、なにびとからも認識されないもの、これが主観である。それゆえ主観は、世界の担い手であり、現象するすべてのもの、すなわちすべての客観を成り立たせている普遍的な前提条件である。存在するものは、主観にたいして存在するにすぎないからである。私という主観に映し出されたもの、つまり、表象としてこの世界は存在する。

このような表象としての世界では、さまざまな力がはたらいている。天体の運動、物体

の落下や川の流れ、植物の生長や開花、動物の繁殖、人間の思考など、人間を含め、すべての自然現象のなかに力がはたらいている。異なった現象のなかに同一のものを認識したり、似たもののなかに異なったものを認識したりすることこそ、哲学への条件にほかならないが、私は、意志という言葉の概念を拡張して、このような自然のなかのあらゆる力を意志のあらわれと考えてみようというのである。

すべての現象は、客観化された意志、つまり、意志が姿かたちを得てあらわれたものであるが、しかし、意志そのものは見ることも思い描くこともできない。世界の内奥の本質たる意志は、プラトンの言う「イデア」、あるいは、カントの言う「物自体」に相当し、現象の世界はそれを映す鏡である。人間の身体の各部分は人間一般の意志に対応していて、たとえば、生殖器は客観化された性衝動である。

涸れることのない苦悩の泉

意志が欲するのはつねに生命であり、それは生きんとする意志と同一である。この意志の本質は努力であって、つねに努力してやまない。目標に達しても、努力に終止符が打たれることはない。意志とそのさしあたりの目標との間に障害が起こって、意志がこれに阻止されることをわれわれは苦悩と呼んでいるが、努力というものはすべて不足から、自分の置かれている状態への不満足から生じるものであり、したがって、努力が満足されないかぎり、すべての努力は苦悩である。しかし、いったん満足が得られても、それはけっして長つづきはしない。満足はつねに新しい努力の起点となるにすぎない。

苦悩を追い払おうとして人はたえず骨折るけれども、せいぜいのところ苦悩の姿を変えることくらいしかできない。あるひとつの苦悩を追い払っても、たちまち幾千という別の姿となってあらわれることであろう。このように、苦悩が人生の本質をなしているのであって、誰でも自分の心のなかに涸れることのない苦悩の泉をかかえて生きているのだという事実に、われわれは目をふさいでしまう。それどころか、このような消えることのない苦悩にたいして言い逃れを見つけ出そうとする。

この苦悩の世界を超え出るにはどうすればよいか。「イデア」ないし「物自体」である意志そのものを変えることはできないが、しかし、これを否定することはできる。意志を否定するとは、ひたすら努力してやまない意志の本質的な虚しさを認識することである。自分の苦悩を全体の単なる範例にすぎないと見なし、この生の全体を苦悩ととらえ、それによって諦念《ていねん》へと導かれるにいたったとき、そのときはじめて、人間はほんとうに尊敬に値する人物として立つことができるのである。

▽「自分がこうむった災難に我慢がならなくていらいらさせられるのは、だいたいにおいて、われわれがその災難を偶然であると思っているからである」——何か災難にあうと、「運が悪かった」と思ったりするものだ。「運がよければ」こんな目にあうこともなかったのにと思えば思うほど、腹が立ってくる。しかし、それは必然のことだと思えば腹は立つまい、とショーペンハウアーは言う。その証拠に、老齢や死など、必然で普遍の現象には腹の立てようがない。避けられないものは受け容れるしかない、とはわかっているが、それがなかなかできないのが人間の習性である。

▽「すべての幸福はその本性として消極的なものにすぎず、積極的なものではない。永続する満足や幸福といったものはあり得ず、いつもただ苦痛や欠乏から脱却し得たという思いがあるだけであって、その後に必ずつづいて起こるのは新しい苦痛か、さもなければ物憂さ、空しい憧れ、そして、退屈である」——この世の主題は苦悩である。人間はこの積極的なものにおいて人生を実感する。文学も幸福にいたる格闘や努力は描くが、永続する幸福を描くことはない。「ハッピーエンド」の向こうに何があるかは問わないことにしている。

▽「性欲のうちに自然の内奥の本質、生きんとする意志がもっとも強力に表明されており、

生殖器は意志の本来的な焦点ということになる」――古代のギリシアやインドなど、多くの民族の神話や祝祭には生殖器を崇拝する儀式がある。ショーペンハウアーの哲学で言えば、生殖器は意志の肯定のシンボルにほかならない。一方、表象のシンボルとなるのが、ものごとを認識する頭脳である。対極にある両者によって人間は成り立っている。

▽**「高尚な性格というものを考えてみると、それはいつも幾分か静かな哀調を帯びているものである。この哀調は、いっさいの財物は虚無であり、自分の人生だけが苦しいのではなく、すべての人の人生が苦悩に満ちているのだという認識から生じてくるのである。このような認識は、自分で大きな苦悩を経験してみてはじめて呼び起こされ得るのである」**――ショーペンハウアーは、この世界における苦悩の必然性の認識を「意志の鎮静剤」と呼んでいる。ものごとを正しく認識することこそ、真に生きる力である。

編者からひとこと　ショーペンハウアーは、苦悩の世界からの解脱として「諦念」をすすめるが、これは単に「断念すること」ではない。彼が強調するのは、この世界が苦悩の世界であることをはっきりと「認識すること」である。「あきらめる」とは、対象の実体を「明らかにする」ことでもある。ものごとの真相をはっきりと把握し、理解することである。それこそ哲学にほかならない。

［文献案内］西尾幹二訳（中央公論新社）、斉藤忍随ほか訳（白水社）。

人生の幸福はセルフコントロールから

「自伝」

フランクリン

著者と作品紹介

アメリカの政治家で文筆家、科学者のベンジャミン・フランクリン（一七〇六―九〇）は、学校教育をほとんど受けなかったが、刻苦勉励のすえ、多方面で活躍して名をなし、「代表的アメリカ人」と呼ばれている。幼いころから家業のロウソク・石鹼づくりを手伝い、印刷業を営む兄のもとで徒弟としてはたらき、イギリスに渡って印刷技術をみがいて帰国後、印刷・出版業を開業し、成功した。その後、政治家として活躍し、アメリカ独立に際しては、中心的役割を果たし、独立宣言の起草に加わり、対英講和会議では代表として条約に調印し、アメリカ最初の外交官とも言われている。『自伝』（一七八九）に、その波瀾万丈、紆余曲折の半生が描かれている。

要約

十三の徳を身につけようと努力する

二十五歳のとき、私は、過ちを犯さずに生活し、生まれながらの性癖などをすべて克服してしまいたいと思い立ち、道徳的完成に到達しようという不敵な、しかも困難な計画を立て、当時、自分にとって必要であり、また望ましく思われたすべての徳を十三項目にまとめた。その徳の名称および戒律は次のとおりである。

第一　節制　飽くほど食うなかれ。酔うまで飲むなかれ。
第二　沈黙　自他に益なきことを語るなかれ。駄弁を弄するなかれ。
第三　規律　物はすべて所を定めて置き、仕事はすべて時を定めて行うべし。
第四　決断　すべきことはすべきと決断し、決断したことは必ず実行すべし。
第五　節約　自他に益なきことに金銭を費やすなかれ。
第六　勤勉　時間を浪費するなかれ。益あることに費やし、無用の行いは断つべし。

第七　誠実　人を偽りて害することなかれ。心と口から邪気を払うべし。
第八　正義　他人の利益を傷つけ、損害を及ぼすことなかれ。
第九　中庸　極端を避くべし。たとえ憤りに値する不正を受けても、激怒を慎むべし。
第十　清潔　身体、衣服、住居に不潔を黙認すべからず。
第十一　平静　小事、日常茶飯事、または避けがたき出来事に平静を失うなかれ。
第十二　純潔　性交はもっぱら健康ないし子孫のために行い、これに耽《ふけ》るべからず。
第十三　謙遜　イエスおよびソクラテスに見習うべし。

私はこれらの徳がみな習慣になるようにしたいと思ったので、一定の期間どれかひとつに注意を集中させ、それが習得できたら次に移るというようにして、これを何回も繰り返した。私は道徳的完成の域に達することはできなかったが、それでも努力したおかげで幸福になったと思っている。七十九歳の現在まで丈夫でいられたのは節制の徳、若くして財産をつくり、有用な市民となることができたのは勤勉と節約の徳のおかげである。

社会のために活動する

三十歳のとき、私はペンシルヴァニア州議会の書記に選ばれたが、その頃から公共事業に心を向けるようになった。市の夜警のために、財産の多寡に応じて市民から金を徴収して人を雇うという方法を提案したのがきっかけだった。数年後にはこれを法律化することができた。同じころ、私は火災の原因などについて論文を書いた。これが評判になり、お互いに協力して消火を行うための組合がつくられた。火災を初期のうちに消し止める設備がこれほど整った町は世界のどこにもないのではないかと思う。

私が発行した新聞は、この地方および近隣でほとんど唯一のものだったので、大いに儲かるようになり、暮らしも日日にらくになってきた。こうして私は「はじめの百ポンドさえ貯めてしまえば、次の百ポンドはひとりでに貯まる」という諺の真実であることを実際に経験した。金というものは本来繁殖力の強いものなのである。

そのうち必要なだけの財産ができて、自分で商売をしなくてすむようになったので、学問の研究に費やす暇が生まれ、電気に関する実験に没頭した。そうなると今度は世間は私を閑人だと思い、知事は私を治安判事に任命し、市の行政機関は私を市会議員に選び、また、市民は私を彼らの代表に選んで州議会に送った。

ペンシルヴァニア州の代表としてイギリスに渡ったとき、あやうく難破しそうになったことがあった。そのとき、灯台の有益であることが深く身にしみ、無事にアメリカに帰国できたら、アメリカにも灯台をたくさん建てるように骨を折ろうと私は決心した。

▽「私はこの幸運な生涯を振り返ってみて、こう言いたくなることがある。もしもお前の好きなようにしてよいと言われたならば、私は今までの生涯をはじめからそのまま繰り返すことに少しも異存はない、ただし、著述家が初版の間違いを再版で訂正するあの便宜だけは与えてほしい、と。しかし、この願いが許されないにしても、やはり私は同じ生涯を繰り返せと言われたら、承知するつもりである」──フランクリンと同じように幸運な生涯を送った人はいるであろうが、肝心なのは、本人がどう思っているかである。傍目では幸福な生涯も、本人がそう思っていなければ、不幸な生涯と言うしかない。

▽「家業が嫌いで、船乗りになりたかった私に陸上の商売をさせたいと、父は、指物師、煉瓦師、ろくろ師、真鍮《しんちゆう》細工師などが仕事をしているところを見せに、私を時どき連れ出した」──フランクリンが十二歳ごろの話である。子供にいろいろな仕事を見せて選ばせようとした父親がすばらしい。結局、幼いころから本を読むのが好きな性質に着目した父親は、フランクリンを印刷屋にすることにきめた。

▽「商人としての信用を保ち、評判を失わぬようにするため、私は実際によく働き倹約を心がけたばかりでなく、かりにもその反対に見えるようなことは努めて避けた。また、

商売を相応に手堅くやっていることを人に見せるために、仕入れた紙を手押車に積んで、自分で往来を引いて帰ることも度々あった」――こうして、よく働く、見込みのある若者だと思われ、商売繁盛につながった。そのあたりの「効果」を彼は十分に心得ていたようだ。良いことは、見せびらかして、一向にかまわない。むしろそうすべきである。

▽**「人間の幸福というものは、時たま起こるすばらしい幸運よりも、日日の些細な便宜から生まれるものである」**――フランクリンは、夜警団や消防組合のほかに、清掃組合もつくっている。彼の住んでいたフィラデルフィアの街路は舗装されていなかったため、雨の日などは泥沼のようになる。道の一部は煉瓦で舗装されたが、未舗装の道を通って来た馬車のために泥だらけになる。そこで彼は、たがいにわずかな金を出し合って、清掃組合をつくるよう人びとを説得するのに成功した。日日の生活はこういったことの積み重ねである。

編者からひとこと　雷雨のなか、凧をあげて、稲妻は電気と同一であることをフランクリンが証明した話はよく知られているが、実は、彼は十八世紀のもっともすぐれた電気学者だった。電気に関するその著書は各国で訳され、ベストセラーになった。電池（battery）、充電（charge）、伝導体（conductor）などの専門用語は彼の造語である。また、避雷針や二焦点眼鏡、熱効率のよいストーブなどを発明し、発明王と呼ばれていたこともあった。

［文献案内］　松本慎一・西川正身訳（岩波文庫）、渡辺利雄訳（中公クラシックス）。

「パンセ」

人間の生活は不断の迷妄にすぎない

パスカル

著者と作品紹介

フランスの哲学者で宗教思想家、科学者のブレーズ・パスカル（一六二三―一六六二）は、学校教育を受けることなく、教育熱心な父親から「天才教育」をほどこされ、とくに数学に才能を発揮し、十六歳にしていまだに数学史に残る論文を発表した。二十代の半ばで健康を害し、また、姪の眼病が奇跡的に完治したのを身近に見聞したことなどがきっかけとなって、宗教に傾倒し、人びとを信仰に誘うために〈キリスト教護教論〉を準備したが、未完に終わり、死後、断片的なノートが『宗教および他の若干の主題に関する断想（パンセ）』（略して『パンセ』）として一六七〇年に出版された。全体は、おもに人生の空しさと、信仰による人間の幸福とを述べたふたつの部分からなる。

要約

なぜ人間は気晴らしを求めるのか

私は、人間の引き起こすさまざまな騒動、宮廷や戦争での危険や苦労、そこから生じる幾多の争いや欲望、大胆でしばしば邪悪な企てなどを考察して、人間のあらゆる不幸は、部屋のなかでじっと静かにしていることができないという、この唯一のことから生まれることを発見した。生活に困らないだけの財産をもっている人は、自宅で安楽に暮らしていくことができさえすれば、何もわざわざ出かけて行って、航海をしたり、城塞の包囲に加わったりしなくても、また、気晴らしの遊びを求めたりしなくてもよさそうなものである。

しかし、いっそう立ちいって考え、われわれのあらゆる不幸の原因を発見したあとで、その理由を発見したいと思ったとき、私はそこにひとつの極めて決定的な理由があることに気づいた。その理由は、弱い死すべきわれわれ人間は、それをまともに考えれば何ものも慰めにならないほど惨めな状態に置かれているという、生まれながらの不幸にある。人びとは、このことを考えまいとして気晴らしを求める。人びとが求めるのは、戦争の危険でも、職務の苦労でもなく、そういう物思いから心をそらせ、気を紛らせてくれる騒がしさなのである。なぜ人は、獲物よりも狩猟そのものを好むかという理由はそこにある。

そういうわけで、人間は騒ぎを好み、孤独の楽しさは理解されがたいものとなる。国王の身分が幸福である最大の理由は、結局、そこにある。人びとがたえず国王の気を紛らし、国王にあらゆる快楽を得させようとするからである。いかに国王でも、もし自分自身のことを考えるならば、不幸になるからである。

大勢の人が鎖につながれ、そのすべてが死刑を宣告されているさまを想像しよう。そのなかの何人かが日ごとに他の人びとの前で絞め殺される。残った者は自分たちもその仲間と同じ運命をたどることを悟り、悲しみと絶望のなかでたがいに顔を見合わせながら、自分の番が来るのを待っている。これが、人間の状態なのである。

真に幸福になるためにはどうすればよいか

人間の盲目と悲惨を見、沈黙した宇宙を見つめるとき、人間が何の光もなく、ただ独り放置され、いわば宇宙のこの一隅に迷い込んだように、誰が自分をここに置いたのか、自分は何をしにそこへ来たのか、死ぬとどうなるのかをも知らず、あらゆる認識を奪われているのを見るとき、私は、眠っているあいだに荒れはてた恐ろしい島に連れてこられて、目覚めると、そこがどこなのかわからず、そこから脱出する手段もない人のような、恐怖に襲われる。そう思うと、私は、かくも悲惨な状態にありながら、どうして人が絶望におちいらないでいられるのか、不思議でならない。

私は周囲の人びとに、私よりも何ごとかを知っているかどうかをたずねてみる。彼らは私に否と言う。これらの悲惨なさすらい人は、自分たちの周囲を眺めまわし、何か面白いことが見つかると、それに没頭し、それに執着した。だが、私はとうていそれらに執着することができなかった。そして、私が見ているもののほかに何ものかが存在すると考えたほうがいいような気がしたので、私は、神が自身のしるしを何か残していはしないかと探し求めた。そして、人間を取り囲むこの無限の深淵を満たし得るのは、無限にして不動の存在、すなわち、神自身のほかにないことを感じた。

すべての人間は幸福になることを求めているが、それは信仰なしには叶えられない。キリスト者であることができないならば、せめて誠実な人間であるがいい。道理にかなっている人間は二種類しかいない。神を知っているがゆえに、心から神に仕える者と、神を知らないがゆえに、心から神を求める者とがそれである。

▽「**人間の生活は、不断の迷妄にすぎない。人はたがいに欺き、たがいにへつらう。人間は、自分自身においても、他人に対しても、偽装、虚偽、偽善であるにすぎない。彼は他人から真実を聞くことを欲しないし、他人に真実を語ることを避ける**」——たしかに、真実ほど人を怒らせるものはないことを、多くの人は経験から知っている。

▽「**われわれはいつも現在の時にいたためしがない。未来を待ち焦がれているか、さもなければ、過去を呼び返している。**というのも、現在は、**多くの場合、われわれを苦しめるからである。自分の心のなかを吟味してみるがいい。自分の考えがすべて過去と未来によって占められていることに気づくであろう**」——過去と現在はわれわれの手段であり、未来のみがわれわれの目的である、とパスカルは言う。そうかもしれない。

▽「**クレオパトラの鼻がもう少し低かったら、大地の全表面は変わっていただろう**」——「大地の全表面」とは大げさであるが、「歴史」という意味であろう。古代エジプトの女王は美貌によって三人のローマの将軍たちを虜にして、歴史の展開に少なからず影響を与えた。偶然がものごとを左右する一例として、「一生のうちでもっとも大事なことは職業の選択である。偶然がそれを決定する」とも言っている。

▽「**人間は自然のうちでもっとも弱い一茎の葦にすぎない。しかし、それは考える葦であ**

る。**これを押しつぶすのに、宇宙全体が武装するには及ばない。風の一吹きや水の一滴でも、これを殺すのに十分である。しかし、宇宙がこれを押しつぶしても、人間は人間を殺すものより尊い。なぜなら、人間は自分が死ぬことを知っているからである。宇宙は何も知らない」**——人間のあらゆる尊厳は思考にある、というのがパスカルの考えである。「宇宙は空間によって私を包むが、私は思考によって宇宙を包む」と彼は言っている。

▽**「ほかのことでずいぶん無駄に費やしている時間を、少しでもこれを読むために割くべきである。どんなに反感を覚えようとも、何かに行き当たるであろう。少なくとも、たいした損にはならないであろう」**——パスカルは非常に説得力のある文章の名手であった。彼は「キリスト教のセールスマン」と言ってもいい。自分の姉と妹のほか、身近な人を何人も信仰へと回心させている。

編者からひとこと　パスカルは「説得術」という論文も書いていて、そのなかで「最良の書物とは、それを読む人が自分でも書けそうだと思う書物である」と言っている。『パンセ』はパスカルにしか書けないが、それがごく自然に読者の心をとらえるのは、「セールスマン」としての彼の才能にちがいない。

[文献案内] 前田陽一・由木康訳（中公文庫）。

3 社会を知るために

お父さんは疲れているんです

「セールスマンの死」

アーサー・ミラー

著者と作品紹介

現代のアメリカの劇作家、アーサー・ミラー(一九一五―二〇〇五)は、三十二歳のとき、戦時中に飛行機の不良品納入で利益をあげていた資本家を題材にした『みんな我が子』で、いわゆる「社会派」の劇作家として認められ、それをさらに確立したのが、ピュリッツアー賞を獲得した『セールスマンの死』(一九四九)である。主人公は、ウィリー・ローマンという年老いた旅回りのセールスマンで、同じ会社に三十年以上も勤めているが、いまやほとんど客がつかず、ローンや保険料の支払いにも困るほどに落ちぶれている。アメリカ社会の一断面を鮮烈に描いた作品である。なお、ミラーは一九五六年、女優のマリリン・モンローと結婚し、五年後に離婚している。

要約

最近、おやじの様子がどうも変なんだ

ハッピー（ウィリーの息子。三十二歳）前からおやじのことで話したいと思ってたんだけど、どうも、変なんだ。ぶつぶつ独りごとを言ったり。

ビフ（その兄）今朝、気がついたよ。だが、独りごとは昔からさ。

リンダ（ウィリーの妻）多くの人は、少しおかしいと、思っているでしょう。お父さんは疲れているんです。つまらない人間だって、えらい人と同じように、疲れもしますよ。お父さんはこの三月で、会社に三十六年も勤めたことになるのです。新しい販路を次つぎに切り開いていったというのに、あの年になっても会社は給料を取りあげるのです。

ハッピー（憤然として）知らなかったなあ。

リンダ 別に訊きもしなかったじゃない！ お小遣いがほかではいるようになれば、もうお父さんのことなんか、どうでもいいんでしょ。

ハッピー　だけど、お金、あげましたよ、この前——

リンダ　お父さんは歩合だけでやってるのよ、新米の駆け出しみたいに。お父さんに目をかけてくれた古いお得意先は、みんな亡くなるか、隠退なさってしまった。重い鞄を車から出しては入れ、また、出してで、これでは疲れてしまいますよ。千キロも車を飛ばして、着いてみれば、知っている人は誰もなし、迎えてくれる人もいない。チャーリーさんのところへ行って、週に五十ドル借りて、自分の給料のようなふりをしているのよ。そんなこと、いつまでつづくかしら。お父さんは、死にかけているんですよ。

ビフ　なぜ、死にかけているんです？

リンダ　自殺しようとしているんです。また自動車をぶつけたと手紙に書いたでしょう。保険の事故係が言うには、去年の事故はみんな——事故じゃないって。

払いきったとたん、使いきるって仕掛けなんだ

リンダ　今日、社長のハワードさんに話してみるんでしょう。

ウィリー　うん、ズバリ言ってやる。セールスの仕事からはずしてもらう。

リンダ　それから、前借りのことも忘れないでね。保険の掛金もあるの、もう期限なの。それに、こわれた電気冷蔵庫の払いがもう一回残っているし……

ウィリー　一生に一度でいいから、こわれないうちに払いきって、ちゃんと自分のものに

したいよ！ これじゃいつも、ゴミ捨て場と競争してるようなもんだ。払いが終わりゃ、車はくたばる。冷蔵庫はベルトをすり減らす。ちゃんと時間をみはからってやがる。払いきったとたん、使いきるって仕掛けなんだ。

リンダ それに、家の支払いの最後も。これでこの家も、あたしたちのものになるんです。

ウィリー 二十五年てわけか！

ウィリー いいか、あたり一面、火の海なんだ。わしは、きょう、クビになったんだ！

（車が走るすさまじい音が砕ける。葬送行進曲。ウィリーの墓の前）

リンダ なぜどなたも来てくださらなかったのかしら。三十五年間ではじめてなんですよ、借りも払いもなくなったのは。わずかの給料さえあれば、やってゆけたのに。

ビフ お父さんは、セールスよりも、大工仕事のほうが向いていたんじゃないのかな。

チャーリー あの男は、セメントでもいじくってりゃ、しあわせだったのだ。

リンダ なぜあんなことをなさったの。家の支払いは、今日、すませました。今日ですよ。でも、もう住む人はいない。借りも……払いも……なくなってね……

▽**「三十四にもなって、まだ道が見つからんなんて、恥っさらしだ」**――ウィリーが長男のビフについて言う言葉である。ビフは家を出て、二、三十のいろいろな職についたが、なにひとつ身につかず、人生を無駄にすまいと心がけてはきたものの、結局のところ、人生を浪費してきたことに気づく。「フリーター」のあわれな末路である。

▽**「どうしてもつかめないんですよ。これという生活が」**――ビフの弁明。彼の友人は、ビフを「何かを身につけようと、努力しませんでしたからね」と批判する。実は、父親の浮気の現場を目撃したショックが、彼の挫折の原因だった。

▽**「実社会では、人目をひく男、個性的魅力のある男が勝つんだ。人に好かれれば、困ることはない。たとえば、このわしだ」**――若かりしウィリーが息子たちに語る言葉である。この世でいちばん大事なのは、人にいい印象を与え、好かれることだと考えるウィリーに、友人のチャーリーは「この世で大事なのは、何が売れるかだ。そんなことも知らんでセールスマンとは、あきれたもんだ」と言う。ウィリーの鞄の中身は不明である。

▽**「わしは十七のときジャングルにはいり、二十一のとき出てきた。それでちゃんと金持ちになった」**――ウィリーの兄のベンは、冒険好きの父親とともにアフリカまで行き、

ダイヤモンド鉱山で一攫千金の夢を実現した。ところが、ウィリーは、ベンと一緒に父親を探しに行こうとしていたとき、三十一州に商品を売りさばいている老セールスマンに逢い、「セールスこそ、男子一生の仕事」と悟った。そのセールスマンの葬式には何百人ものセールスマンやバイヤーが来たが、ウィリーの場合は、誰ひとり来なかった。対照的な「セールスマンの死」である。

▽**「わしは三十六年間、この会社のために働いたんだ。なのに、保険料さえ払えないんだ！ オレンジの実だけ喰って、皮を捨てるようなわけにはいきませんよ、人間は果物じゃないんだから」**——ウィリーは抗議や説得もむなしく解雇されてしまう。ものが売れなくなったセールスマンは無用である。それが資本主義社会の現実である。まさに「搾取」という言葉が当てはまる。

(編者からひとこと) 資本家の「搾取」の対象となるのが、「プロレタリアート」である。カール・マルクスはこう言っている。「プロレタリアートとは、自分の生活を維持する費用を、ただ自分の労働力を売ることによってのみ得ている社会階級で、その幸福と不幸、生と死、その存在全体は、労働の需要、景気の変動、どう決まるかわからない競争の結果などにかかっている」ウィリーはまさにこのような「プロレタリアート」の典型である。

［文献案内］倉橋健訳『アーサー・ミラー全集Ⅰ』(早川書房)。

繁栄の頂点から大恐慌へ

「オンリー・イエスタデイ」

アレン

著者と作品紹介

アメリカのジャーナリスト、フレデリック・ルイス・アレン（一八九〇－一九五四）は、知識人向けの硬質の雑誌「センチュリー・マガジン」や「ハーパーズ・マガジン」などの編集長を歴任し、また、ハーバード大学の評議員をつとめ、同時に著述家としても活躍した。処女作『オンリー・イエスタデイ』（一九三一）は、一九二〇年代のアメリカ社会を、理想主義の実現に失敗したウィルソン大統領から、ヒステリー的な「赤狩り」、女性の服装や化粧の変化、ラジオ放送によるマスコミ時代の到来、禁酒法とカポネ、そして、株式市場の崩壊まで、文字通り「つい昨日のこと」として描いたもので、現代の日本を髣髴《ほうふつ》とさせるものが随所にある。

要約

市場は最高の輝かしい頂点にのぼりつめた

一九二八年三月四日、日曜日の新聞にちょっと目を通してみよう。ヘンリー・フォードがA型車を発表してから三か月が経過していた。大西洋横断単独飛行に成功したリンドバーグが英雄としてもてはやされたのは九か月前のことだった。新聞の第一面は、急騰する株の記事で占められていた。とくに自動車とラジオ（一九二〇年に放送開始）はクーリッジ景気が咲かせたもっとも大輪の花であった。大衆は手っ取り早く金持ちになりたいというきわめて正当な願望を持っていたし、アメリカの実業界の黄金の未来について、何でも信じようとしていた。

それから八か月後、それまでにつくられた記録はあとかたもなく粉砕され、百五十ドルという途方もない高値で売れたラジオ株は、四百ドルにもなっていた。十二月に株式市場は暴落したが、数週間でふたたび値上がりがはじまった。銀行当局は、忍耐強く投機熱がおさまるのを待っていたが、投機は激しくなるばかりだった。

一九二九年の夏までには、株価は雲ひとつない青空に舞い上がっていた。晩餐《ばんさん》のテーブルごしに、人びとは突然財産をつくったという夢のような話を取沙汰した。大強気市場は国民的熱狂になっていた。九月に市場は、最高の輝かしい頂点にのぼりつめた。九月三日は、ダウ・ジョーンズ平均が、その年の最高を示した日である。半年前に比べ、ラジオ株は五倍以上になっていた。大多数の人びとは、この大強気市場がまだまだつづくものとすっかり期待していた。それは、開拓者の血がまだアメリカ人の血管に流れていたからである。幻想を追う習慣は根強く残っていた。自分の持っている株を途方もない金で売って、大きな邸宅に住み、ぴかぴかの車を何台も買い、パーム・ビーチの砂の上でゆったりと怠惰に暮らすロマンチックな日日の夢を思い描くのである。

恐慌――一九二九年十月二十四日木曜日

九月はじめに、株式市場は悪化した。これまでに暴落を無傷で逃れた投機家たちは、過去に学んだ教訓を利用した。つまり、値崩れのあったときは、買いにまわるのにもってこいの時期だということだ。たしかに株価は再び上がりはじめたが、また暴落した。「株価は今よりずっと高値になる」と予言する学者もいれば、警告を発する予測家もいた。意見はまちまちで、いかに立派な経済的見解も、一致したことはこれまで一度もなかった。

期待されていた株式市場の回復は、やってこなかった。十月二十三日水曜日には、ナイアガラ瀑布《ばくふ》のような清算が行われ、平均株価はこれまでにない下落を示していた。しかし、もしかしたら明日には好転するかもしれない。すでに暴落は、過去二年間にあったどの暴落よりも、はるかに大きく株価を下げていた。これ以上ひどくなることはあり得なかった。

翌十月二十四日は、木曜日であった。売り注文の重圧は、混乱を起こすほど激しいものだった。取引の最初の一時間が終わる前に、まったく前例を見ない驚くべき激しさで下落していることが明らかになった。株式という巨大な建物は、投機信用取引で蜂の巣状に穴があいており、いまやそれ自身の重みで、つぶれかかっていた。銀行家の共同資金が買い支えをして、当座は完全な崩壊を食いとめはしたものの、経済構造がぱっくりと大きく割れたという事実は否定しようもなかった。

大強気市場は死んだ。数十億ドルの利益は消え去った。雑貨屋や窓拭きやお針子は、なけなしの資金を失った。隠遁して財産で食っていくことを夢想していた投資家たちは、ふたたび富への長い道をやり直すことになった。毎日、毎日、新聞は自殺の暗いニュースを報じていた。繁栄の時代は終わったのである。ひとつの時代が終わったのである。

▽「**大多数の警官がストライキを敢行して、ボストン市が無防備になると、ギャングどもが勝手放題にふるまい出し、その晩、商店の窓をぶち壊して、略奪をはたらいた**」――一九一九年九月のことである。州兵が出動して事態は収拾されたが、この事件は、いかに社会というものが脆《もろ》く、少しでも「タガ」がゆるむとすぐ壊れてしまうかを如実に示している。

▽「**親たちが躍起になって、いやしくもレディたるものはそんなことはしないものだ、と言い張っても、現にレディである当の娘たちは化粧をしているし、公衆の面前で化粧直しまで、やってのけていたのである**」――一九二〇年代のはじめ、躾のよい女性は白粉は使っても、化粧品を塗りたくるようなことはせず、口紅というと眉をひそめたという。そんな時代にも、公衆の面前で化粧直しをする娘たちがいたのである。彼女たちにたいして、親も社会もただ眉をひそめるだけで、何もできなかったのは現代の日本とそっくりである。

▽「**人びとは、買物を現金の所持高に制限するのは旧弊だと考えるようになっていた**」――一九二〇年代後半の経済的繁栄は、当時の大統領の名をつけて「クーリッジの繁栄」と呼ばれているが、これを支えていたものに、月賦販売の増加があった。小売高のなんと

十五%は月賦方式によるものだという。セールスマンと広告業者が繁栄の推進者だった。

▽「**実業そのものが、新たな尊敬の念をもって見られるようになった。大学のほうでも、ビジネスコースを新設し、広告のコピーライトやマーケッティングの方法、ドラッグストアの実務などの科目にも履修証明を与えることにした**」——現在ではむしろ大学教育の主流を占めるビジネスコースの起源が、この時代のアメリカにあったことがわかる。

▽「**クーリッジ景気時代の顕著な特色のひとつは、何百万もの男女が、当時起こった一連のたわいない出来事について注目したり、話し合ったり、感情的興味をめぐらしたりするときの未曾有の速さと、全員一致の態度にある、と言えよう**」——まさにテレビ時代の現代日本人の姿をそのまま表現している。

▽「**一九二〇年代のシカゴに、汚職と犯罪が爆発的に横行したのは、直接には、アメリカ人の家庭から酒類の誘惑を一掃しようとした禁酒法によるものだということは、皮肉な事実である**」——禁酒法は一九二〇年一月十六日に実施され、密造酒の製造、販売からアル・カポネをはじめとするシカゴのギャングは巨大な利益をあげた。ギャング台頭の直接の誘引は、疑いもなく、禁酒法にあった。一九三三年十二月、禁酒法は廃止された。

編者からひとこと　アレンは、この続編として、不景気から立ち直る一九三〇年代のアメリカを描いた『シンス・イエスタデイ』(一九三九)を書いている。

[文献案内] 藤久ミネ訳(ちくま文庫)。

現代社会を支配するマスコミのからくり

「世論」

リップマン

著者と作品紹介

アメリカのジャーナリストで政治学者、思想家のウォルター・リップマン（一八八九―一九七四）は、一九三〇年代から六〇年代にかけて新聞・雑誌などで内外の問題について卓越した論説・批判活動を行い、二十世紀最高のジャーナリストとも讃えられている。とくにヴェトナム戦争に異議を唱え、ジョンソン政権に徹底的に対抗したことはよく知られている。主著の『世論』（一九二二）は、民主主義政治のもとにあるとされる大衆の意見がどのようにしてつくられ、新聞はそれにたいしてどのような役割を演じているかを分析したもので、現代社会を支配するマスコミュニケーションのからくりと、そのなかにある自分というもののあり方を知る格好の書である。

要約

われわれの意見はどのようにしてつくられるか

われわれの意見は、他人による報告と自分の想像できるものから、あれこれつなぎ合わせてできたものにならざるを得ない。目撃者といえども、現場そのままの姿を持ち帰って報告するわけではない。意識のなかにあるほとんどの事実は、部分的に潤色されているように思われる。ひとつの報告は、知ろうとするものと知られるものとの合作である。観察者はその過程でかならず選択をするし、たいていは創作もする。われわれが見る事実はわれわれの置かれている場所、われわれがものを見る目の習慣に左右される。

また、われわれはたいていの場合、見てから定義しないで、定義してから見る。外界のものごとを、われわれの文化によってステレオタイプ化されたかたちのままで知覚しがちである。他人の行為を十分に理解するためには、彼ら自身が何を知っていると思っているかを知らなければならない。彼らが受け容れているさまざまなステレオタイプ（型にはまった考え方)、現在はやりの類型、標準的解釈などが、意識に届く途中で情報を遮断してしまうからである。われわれは一定の観念を通して外界の光景を観察し、そこから拾い出すのは、自分が認識できる記号ばかりである。そうした記号は観念を表徴する記号であり、こうした観念にたいして、われわれは内にたくわえているイメージ群で内容を与える。われわれは、この人間、あの日没、というように個々別々のものを見ることをしない。これが人間というものである、これが日没というものであると認めてしまったうえで、そうした主題についてわれわれの頭にすでに詰まっているものをもっぱら見るのである。

このようにわれわれの頭がステレオタイプに支配されていることを知れば、それを重く考えずに喜んで修正しようとするだろうし、また、いつ、どこで、どのようにして、自分の考えが生まれ、それをなぜ受け容れたのかを悟ることができるであろう。

ニュースと真実は別である

ニュースと真実は同一物ではなく、はっきり区別されなければならない。これが私にとってもっとも実り多いと思われる仮説である。ニュースのはたらきは、ひとつの事件の存在を合図することである。真実のはたらきは、そこに隠されている事実に光をあて、相互に関連づけ、人びとがそれを拠りどころとして行動できるような現実の姿を描き出すことである。編集者がもっとも責任を問われるのは、ニュースソースの信頼性の判断であるが、多くの場合、その正確な検査方法は存在しない。たとえば、ロシア人民が何を望んでいるかという話を扱うような場合、そうした判断の正否を検査する方法はない。

ジャーナリストが見る事実は、あくまでも彼の見る事実であって、客観的な検査方法が存在しないかぎり、それが真実であることは立証できない。彼は、そういう自分の弱い立場を理解すればするほど、自分自身の意見のかなりの部分が自分自身のステレオタイプ、自分自身の規範、自分自身の関心の強弱によって成り立っていることを抵抗なく認めるようになる。ジャーナリストは自分がレンズを通して世のなかを見ていることを知っている。

真実の全貌を提供してくれることを新聞に期待するとき、われわれは誤った規準を用いて判断している。ニュースの有限的性格と社会の無限の複雑さを理解せず、新聞を万能だと誤解しているのである。ジャーナリストに可能であり、また、要求されてもいる仕事は、人びとの意見形成のもととなるいわゆる真実なるものが、不確実な性格のものであることを人びとに納得させること、批判と激励によって社会科学を刺激し、もっと役に立つような社会現象についての体系づくりをさせること、そして、政治家を突っついて、よりよく機能するわかりやすい制度を確立させることである。

▽**「どんな人でも、自分の経験したことのない出来事については、自分の思い描いているそのイメージが喚起する感情しか持つことはできない」**――同じ現象にたいして各人各様に対応するのは、それぞれ頭のなかにたくわえられたものごとにたいするイメージが異なるからである。リップマンはこれを「疑似環境」と呼ぶ。ショーペンハウアーのいう「表象」とほぼ同じものである。他人を理解するには、その人の「疑似環境」を知る必要がある。また、自分を知るためには、自分の抱く疑似環境を自覚する必要がある。

▽**「各人の疑似環境が、つまり、彼らが心のなかに抱いている世界像が、思想、感情、行動を決定するひとつの要素となる」**――世界をどのように想像しているかによって、その時どきの行為が決定される。世論を分析する際、もっとも重要なのは、人びとがどのような疑似環境を抱いているかを知ることである、とリップマンは言う。

▽**「青色のガラスを通して赤色を見ると、緑色に見えるのと同じように、実際の感覚と先入観は混じり合う。われわれが現に見ているものが、われわれの予期していたものとうまく一致していれば、そのステレオタイプは将来にわたっていっそう強化される。ちょうど、日本人はずるいと前から知らされていた人が、あいにくと不正直な日本人二人とたまたまつづけさまに出くわしてしまったようなときがそれである」**――二十世紀

はじめのアメリカでは、正直な中国人、信用ならない日本人というステレオタイプが広まっていたようだ。

▽**「〈進歩〉という目の前のステレオタイプに気を取られたアメリカ人は、それにそぐわないものをほとんど見ないできてしまった。彼らは都市の膨張を見た。しかし、スラム街の拡大は目にはいらなかった」**――リップマンは、アメリカの権力者が経験から学んだものはほとんどなかったと言っているが、ヴェトナム戦争の教訓がイラク戦争でまったく生かされていないのは、アメリカの「伝統」なのかもしれない。

▽**「自分たちの意見は、自分たちのステレオタイプを通して見た一部の経験にすぎない、と認める習慣が身につかないかぎり、われわれは対立者にたいして真に寛容になれない」**――一般にものごとには裏表があることを認めても、自分が事実と見なしているものに裏表があることは認めようとしない人が少なくない。そのうえ、自分に反対する者を悪者や陰謀家に仕立てがちである。これが国際的な規模で行われているのが現代世界の一面である。

編者からひとこと　日本のマスコミでは、さまざまな「世論調査」が行われ、その結果が人びとの考えを示すものであるかのように見なされているが、実は、人びとは、単にマスコミから与えられた情報という「疑似環境」に誘導されているだけなのかもしれない。

［文献案内］掛川トミ子訳（岩波文庫）。

不条理の世界に生きる

「審判」

カフカ

著者と作品紹介

チェコのプラハに生まれたユダヤ系のドイツ語作家、フランツ・カフカ（一八八三―一九二四）は、プラハ大学卒業後、労働者災害保険協会に就職し、死の二年前に肺結核のために退職するまで官吏として勤務した。その間、小説を雑誌に発表したり、短編集を刊行したりしたが、大部分の作品は死に際して友人のマックス・ブロートに託し、いっさいを焼き捨てるように依頼した。ブロートはその遺言を無視して、作品を出版した。その一作が『審判』（一九一四年執筆）である。ひとりの男が罪状もわからずに裁かれ、処刑されるという不条理な物語である。われわれの生きている社会は、実は、こんな「不条理の世界」なのかもしれないと思わせる作品である。

要約

何も悪いことをしていないのに

誰かがヨーゼフ・Kを中傷したにちがいない。何も悪いことをしていないのに、ある朝、逮捕されたからである。

「いったいどういうわけなんですか」とKは男たちにきいた。

「君にそんなことを言うように命令されてはいない。訴訟手続きはもうはじまったんだから、時が来れば万事わかるようになるだろう」とその監視人は答えた。

いったいこいつらは何者なのだろう。今日はおれの三十歳の誕生日だというので、銀行の同僚が悪ふざけでこんなことをしているのかもしれない。

Kは電話で次の日曜日に簡単な審理が行われるということを伝えられた。時刻は指定されなかったが、九時には到着したいと思って、ユリウス通りに急いだ。灰色の、貧しい人びとの住む貸家がならんでいて、たくさんの階段や廊下が複雑に入り組み、どこに審理室があるのかまるで見当がつかない。六階のはずれの扉をノックすると、ちょうど子供の下着を洗濯していた女が、濡れた手でとなりの部屋に向かって開いた扉を示した。その部屋には色とりどりの服を着た人びとでいっぱいだった。その部屋の奥の演壇にいた小柄な太った男が時計を引っ張り出し、Kのほうを見て言った。

「一時間と五分前に来なければならなかったのだ。今となってはもう君を尋問する義務は私にはないが、今日のところは例外として尋問しよう。君は室内画家だったね」

「ちがいます」とKは言った。「ある大きな銀行の業務主任です」

広間の右側のグループから笑い声が起こり、それがあまりにおかしかったので、Kもつりこまれて笑わずにはいられなかった。

まるで犬みたいだ

Kの三十一歳の誕生日の前夜、フロックコートにシルクハット姿の太った二人の男が彼の部屋にやってきた。来訪は告げられていなかったが、Kも同じような黒い服装でまるで客を待っているかのように椅子に坐り、指にぴったり合う新しい手袋をゆっくりとはめているところだった。

「あなたが私の係なんですか」とKはきいた。男たちはうなずいたが、Kは自分が待っていたのは別の客だと気がついた。

「老いぼれ大根役者をよこしやがって」とKはつぶやいた。「手軽なやり方でけりをつけようとしているんだ」

Kは彼らに言った。「どこの劇場に出ているんですか」

「劇場?」とひとりは口をぴくぴくさせ、もうひとりは口をもぐもぐさせるだけだった。

通りに出ると、二人の男は、肩をKの肩のすぐ後ろにつけ、その腕をKの腕にからませ、抵抗できないように両手をつかんだ。街灯の下で、Kはわずかに首をまわして二人を観察することができた。その二重顎《あご》のつやつやした顔にKは吐き気をおぼえた。

町はずれの石切り場まで来ると、男たちはKから上着、チョッキ、そしてシャツまではぎとり、Kを石の上に寝かせた。男はフロックコートから長い両刃の肉切り包丁を取出し、月の光で刃を調べた。Kはまだ自由な首を動かし、あたりを見まわした。石切り場に接した家の窓に明かりがともり、ひとりの男が窓から身を乗り出し、腕をひろげた。

喉を押さえつけられたKの心臓深く包丁が突き刺され、二度えぐられた。見えなくなっていく目でKは、二人の男が頬を寄せ合って結末をながめているさまを見た。「まるで犬みたいだ」と彼は言ったが、恥辱だけが生き残ってゆくかのようだった。

▽「Kは審理室のほうへ行こうとして、またじっと立ち止ってしまった。この階段のほかに中庭にはまだ三つの別な階段があり、そのうえ中庭の奥にある小さな通路は、さらに第二の中庭に通じているように見えたからである」――呼び出しを受けたKが、審理室を探す場面である。だいたい、Kはその部屋がどこにあるのか知らされていない。どこにあるのかもわからないものを探しているわけである。さまざまな選択肢が用意され、目的の場所になかなか行き着けない。これが長編小説『城』などでも展開される、いわゆる「カフカ的世界」の特徴である。何か、人生行路を暗示しているかのようである。

▽「罪がないばかりか、何も知らせずに判決を下してしまうというのが、この裁判所のやりかたなんだ」――Kは、自分が訴えられている罪状も、自分を訴えた告訴人も、自分を裁く裁判官も、それに、裁判所の場所もわからない。あれこれ考えたすえに得たひとつの結論がこれである。裁判所を「社会」と置き換えてもいいかもしれない。

▽「釈放には三つの種類があります。本当の無罪、外見上の無罪、そして、引延ばしです。外見上の無罪宣告では、訴訟文書がいつまでも残されているため、いったん無罪宣告が出ても、裁判所から帰ってみると、家では逮捕状が待っているということもありう

るわけです。第二の無罪宣告に第三の逮捕がつづき、第三の無罪宣告のつぎに第四の逮捕が来るというようにつづいてゆくのです」——Kは逮捕されたものの、拘束されてはいないのに、「釈放」と言うのは奇妙である。無罪宣告のあとに逮捕がつづくというのも、奇妙である。このような「理不尽の論理」も不条理の世界の大きな特徴であるが、ときに政治家などが同様の論法を駆使することがないとは言えない。

▽**「まだ助かる道があるのか、忘れられていた異議があるのか。一度も見たことのない裁判官はいったいどこにいるのだ。おれがついにそこまで行きつけなかった上級裁判所はどこにあるのだ。彼は両手をあげ、指をことごとくひろげた」**——Kの最後の叫びである。窓から身を乗り出した男に、Kおよび死刑執行人の姿は見えたのだろうか。

編者からひとこと　この悪夢のようなKの物語は、実は、カフカが世を去って十数年後に、現実のものとなった。真夜中、黒ずくめの武装した兵士がユダヤ人の家を襲い、家族全員を強制連行し、トラックや列車で収容所に運び、最後にガス室で処刑する。ヒトラーのドイツが第二次大戦中に行ったユダヤ人絶滅計画である。カフカには三人の妹がいたが、ナチスのチェコ侵略とともに、いずれも強制収容所へ送られ、殺害された。カフカ自身も存命していたら、同じ運命をたどっていたかもしれない。

[文献案内]　辻理訳（岩波文庫）、中野孝次訳（新潮文庫）、池内紀訳（白水社）。

すべては「見栄」からはじまる

「有閑階級の理論」

ヴェブレン

著者と作品紹介

アメリカの社会学者、経済学者のソースタイン・ヴェブレン（一八五七―一九二九）は「制度学派」の創始者とされている。彼の言う「制度」とは、社会の大多数の人びとが受け容れ、それにもとづいて行動する思考の習慣を意味する。十九世紀後半のアメリカ社会を観察して、そのような社会を動かす原動力となる「制度」として「有閑階級（leisure class）」に着目して書いたのが『有閑階級の理論』（一八九九）である。有閑階級の発生から、その特徴、役割などが、アメリカ社会への批判をこめて分析され、本書でとくに有名となったのが、有閑階級のあり方を端的に示す「顕示的消費 conspicuous consumption（他人に富を見せびらかすための消費）」という言葉である。

要約

金銭的な競争心から有閑階級が生まれた

有閑階級の登場は、私有財産制の開始と時期を同じくしている。私有財産制は、生存に必要な最低限のものの確保とは関係のない根拠にもとづいて発生し、制度として成長した。その根底にある動機は金銭的な競争心であって、その競争心は、富の所有にともなう、他人に妬みを起こさせるような差別化によって助長された。自己保存の本能を除けば、最強にして、もっとも機敏で、もっとも持続的な経済動機は、競争心である。

人びとの尊敬を勝ち取り、保持するためには、単に富や力を所有しているだけでは十分ではない。富や力は、証拠をもって示される必要がある。というのは、尊敬が払われるのは、証拠にもとづいたときにかぎられるからである。そして、富の証拠は、所有者の枢要《すうよう》さを他人に印象づけるのに役立つだけでなく、自己満足を生むという効果をもつ。そのような金銭的卓越の証拠としてもっともわかりやすく、決定的なものとなるのが、有閑生活を過ごすことである。有閑階級に特徴的な職業は、統治、戦闘、スポーツおよび宗教儀式であり、これらの職業は、本質的に略奪的な仕事であって、生産的な仕事ではない。「閑暇（レジャー）」という用語は、怠惰や休息ではなく、時間の非生産的消費を意味し、そのように時間が消費されるのは、生産的な仕事はするに値しないという意識からであり、また、何もしない生活を可能にする金銭的能力の証拠としてである。生産的労働の成果は、その物質的な生産物であるが、閑暇の成果は、人間生活の増進に直接には役立たない事柄に関する知識など、「非物質的な」財のかたちをとる。たとえば、過去の言語や、手芸、服飾、装身具、スポーツ、ペットなどに関する知識がそれに該当する。

このように閑暇を誇示する「顕示的閑暇」は、上流階級において、何も生産しない制服着用の使用人というかたちで表現される。使用人の主たる効用は、主人の支払い能力の証明にある。時間と労力の浪費を象徴する彼らは、この仕事に最適なのである。

顕示的消費が社会の規範となる

有閑紳士が名声を獲得するためのもうひとつの手段は、価値の高い財の顕示的消費である。彼の手元に富が蓄積されてくると、彼自身の努力だけではゆたかさを十分に証明できなくなってくる。そのような場合、友人などの助力を得て、高価な贈りものや贅《ぜい》を尽くした祝祭や宴会を提供するといった手段が活用される。それらの手段は、有閑階級の競争心を満足させ、妬みを起こさせるという目的にも役立っている。

富と力、そして、名声という点では、有閑階級が社会の頂点に立っている。だからこそ、その浪費的な生活と価値の基準が、社会全体にたいする規範を与えることとなり、このような規範を遵守することが、それより下層の人びとにとって義務的なものになっていく。上流階級によって課せられた規範がもつ強制的な影響力は、ほとんど妨げられることなく、最下層にまで及び、その結果、おのおのの階層に属する人びとは、彼らよりも一段上の階層で流行している生活図式こそ、自己の理想だと認識し、生活をこの理想に引き上げるために全精力を傾注する、ということが生ずる。

高度に組織化されたあらゆる産業社会では、立派な評判を得るための基礎は、究極的に金銭的な力に依存している。金銭的な力を示し、高名を獲得したり維持したりする手段が、顕示的閑暇であり顕示的消費なのである。したがって、この二つの手段は、それを実行可能な最下層にまで流行する。たとえ赤貧極まりない人びとの場合であっても、習慣となった顕示的消費のすべてを捨て去りはしない。人間は、時間と労力と富の浪費を通して、あくまでも世間体を保とうとするのである。

▽**「顕示的消費とは異質な要素として、すべての人間に内在しているのが、製作者本能(the instinct of workmanship)である。これはものごとの達成感を求める傾向であって、生産的な努力や人間にとって価値あるものを重んじ、ものや労力の浪費を憎む」**——製作者本能は「職人気質」と訳したほうがわかりやすいかもしれない。この本能がもっとも重視するのは、他人と競争することより、ものごとをみごとに仕上げること、自分に与えられた当面の課題を全うすることである。女性は、生活や支出の無駄が不快に思えてくる製作者本能に恵まれている、とヴェブレンは言っている。

▽**「人びとの前でいつまでも自己満足をもちつづけるには、金銭的な力の証明書は、誰にも判読可能な文字で書かれていなければならない」**——芸能人たちの「豪邸」やヨット、自家用飛行機、豪華な結婚式と高額な離婚慰謝料、人目につきやすい高価な装飾品などが、また、庶民のレベルでは、頻繁な海外旅行や高額な家庭用品の購入などが、これに該当する。その際、より多くの人に知れ渡るような工夫が必要である。

▽**「ある種の職人が、仲間に〈一杯おごる〉といった散財を強く求めるのは、究極的には、アメリカの大富豪に大学や病院、博物館などを建てさせるのとまったく同様に、優越性と金銭的な体面を誇示したいからにほかならない」**——職人も大富豪も「顕示的消

費」の熱烈な愛好家であるという点で共通している。どちらも「見栄っぱり」なのである。

▽**「戦略と狡智はゲームに例外なく存在する要素であり、戦略は技巧や策略に発展していく。このような事の本質からして、スポーツの習慣化は、不正を好む習性の発達に寄与するはずであり、他人の利益を平然と無視したり、抜け目なく行動することが社会に蔓延することを暗示している」**──オリンピックで頻発する「ドーピング」問題などを見れば、ヴェブレンの懸念にも一理ある。オリンピックも含め、プロスポーツはいまや、彼の言う「金銭的な競争心」の発露のひとつの見本である。

▽**「有閑階級という制度は、直接的には、その顕示的消費と保守主義を通じて、間接的には、その制度自体の基礎をなす富の不平等な分配システムを通じて、社会の文化的発展を阻害する」**──かのローマ帝国滅亡の主因は、国をあげての「顕示的消費」と「顕示的閑暇」であった。「顕示的消費」に支えられた経済成長が長つづきするはずがない。

編者からひとこと　ヴェブレンは、有閑階級の顕示的消費のもとにある競争心とは無縁の「非競争的」な関心はどのようなかたちで存在するかを考え、その答えを慈善事業や社会福祉事業に求める。営利や栄誉を求めないボランティア活動がこれに該当する。

[文献案内] 小原敬士訳（岩波文庫）、高哲男訳（ちくま学芸文庫）。

社会のあり方を人間の相互関係から分析

「ゲマインシャフトとゲゼルシャフト」

テンニエス

著者と作品紹介

ドイツの社会学者、フェルディナント・テンニエス(一八五五―一九三六)は、社会学という新しい学問の創始者のひとりで、一九〇九年にマックス・ヴェーバー等と設立したドイツ社会学会の初代会長を、ナチス台頭まで二十四年間つとめた。主著の『ゲマインシャフトとゲゼルシャフト』(一八八七)は、社会のあり方を、人間の相互関係や結びつき方、人間の意志などから分析したもので、家族に代表されるような結合体を「ゲマインシように契約によってつくられるものを「ゲゼルシャフト」と呼び、両者通して、社会と人間の実態、さらには、社会の変動や歴史の流れなどを解み社会科学全般に大きな影響を与えた。

要約

血縁と地縁から生まれるゲマインシャフト

人びとの意志は相互にさまざまな関係を結んでいる。この結合体には、実在的有機的な生命体と考えられるものと、観念的機械的な形成物と考えられるものとがある。前者がゲマインシャフトであり、後者がゲゼルシャフトである。すべての信頼に満ちた親密な水いらずの共同生活がゲマインシャフトにおける生活である。人は、誕生以来、家族とともにゲマインシャフト的生活を送り、あらゆる幸不幸をともにしながら暮らし、見知らぬ国に行くような気持ちで、世間というゲゼルシャフトのなかに入って行く。

ゲマインシャフトの結びつきは、母子関係、夫婦関係、そして、きょうだい関係の三つの型の関係においてもっとも強く示されている。このような血によるゲマインシャフトは、共同の生活をいとなむ場所のゲマインシャフトに発展し、さらに、目的や意図を等しくする精神のゲマインシャフトへと発展する。人間がつねに意志によってたがいに有機的に結びつき、たがいに是認しあっているところには、いずれかの種類のゲマインシャフトが存在し、これらのゲマインシャフトには、肉親、近隣、友人が対応する。

ゲマインシャフトに特有な心の有りようは、了解と称されるもので、人間をひとつの全体の部分として結合する社会的力であり、社会的共感である。了解はお互いについてのくわしい知識に基づいており、それは性質上、暗黙のものである。なぜなら、了解の内容は、言葉では尽くしえないものであり、概念的把握を許さないものであるから。そこから人びとの一体性が生まれ、民族のすべての成員に見出されるような共通の感覚が形成される。その共通の感覚は、共通の慣習や信仰として継承され、民族の統一と平和の基盤となる。

孤立した人間によってつくられるゲゼルシャフト

ゲゼルシャフトにおいては、人びとは本質的に結びついているのではなく、本質的に分離している。そこでは、他人のためになるような活動は行われない。それどころか、人びとはそれぞれ一人ぼっちであって、自分以外のすべての人びとにたいして緊張状態にある。彼らの活動範囲や勢力範囲は相互に厳格に区切られており、その結果、各人は他人が自己の領分に触れたり立ち入ったりするのを拒絶する。これらの行為は敵対行為と同様なものえられるのである。このような否定的関係は、ゲゼルシャフトの基礎的な関係である。人も、自分の与えたものと少なくとも同等であると考えられる反対給付や返礼と交換でなければ、他人のために何かを為したり、与えたりしようと思うことはない。

このようにゲゼルシャフトにおいて、各人はすべて自己自身の利益を追求し、他人の利益は、それが自己自身の利益を促進し得るものであるかぎりにおいてのみ肯定される。そのような個人によってつくられるゲゼルシャフトは利益共同体であり、その基盤は契約である。職業という面から見ると、ゲマインシャフトにおいては、共同体の需要を満たすことを目的とした手工業や農業が中心となるが、ゲゼルシャフトにおいては、商業と工業が繁栄する。富を得んとする絶対的な意志が、商人を無分別にし、そのような人間が利己的で我儘《わがまま》な個人の典型となる。効果的な手段として躊躇《ちゅうちょ》することなく虚言を用いる商人は、本来的にゲゼルシャフト的な人間である。

ゲマインシャフトは家庭や村落、町を根拠としているが、ゲゼルシャフトは大都市から国家、世界へと拡大する。大都市はゲゼルシャフトそのものの典型であり、それはさらに世界都市へと発展し、とくに世界都市においては家族生活は滅亡してゆく。人類の歴史は、ゲマインシャフトからゲゼルシャフトへと移り行くであろうが、ゲゼルシャフト的生活様式の内部に、ゲマインシャフト的生活様式が唯一の実在的なものとして存続するであろう。

読みどころと名言

▽「**普通の人は、究極において、また、一般的に、家族や身内の者にとりかこまれている時がもっとも幸福であり、もっとも楽しく感ずる**」——ゲマインシャフトの特質をもっともよく示すのが、「一家団欒」という言葉である。人間は成長するにしたがって、「他人の世界」(ゲゼルシャフト)で生きることになるが、そこで心の支えになるのが「一家団欒」の幸福な経験である。しかし、それも昔の話である。

▽「**習慣は第二の天性であり、記憶は第三の天性である**」——テンニエスは、人間の意志を二種類に分類し、ゲマインシャフトに特有な意志を「本質意志」、ゲゼルシャフトに特有なものを「選択意志」と名づける。本質意志は、人間に生まれつきそなわった感覚や感性などに関連する。何が自分にとって好ましいかを感じとる快感がその基本で、これに習慣と記憶が加わる。特別な判断が介在することなく人間を動かしているのが、本質意志である。これにたいして、選択意志は、その都度、熟慮の末に生まれる意志で、打算や決断がその典型である。社会で人びとが行使するのはもっぱら、選択意志である。

▽「**施し物の意味も、本質意志から行われる場合と、選択意志から行われる場合とでは異なる。前者の場合、同情や義務感から行われ、人間の同胞愛から生ずる責務が含まれ**

る。後者の場合、気前のよさや富を誇示するために行われる」――プレゼントにも同じことが言える。血縁者や友人のあいだで取り交わされる贈りものは、本来ゲマインシャフト的な習慣であるが、これが儀礼化すると、ゲゼルシャフト的なものとなる。

▽**「商業の領域はますます拡大して、最後にはひとつの主要市場に、すなわち世界市場に集中し、他のいっさいの市場がこの世界市場に依存するにいたる。しかし、領域が大きくなればなるだけ、このような取引の発起人や指導者のすることは、すべて彼ら自身の利益のためになされるのであるという真理もまた、ますます純粋にあらわれてくる」**――テンニエスのこの予言は、いまや経済のグローバル化現象として現実のものとなり、ますますこの傾向は促進されるにちがいない。その行き着く先は、超大国による世界支配であり、超大国の利益が最優先されることとなる。これがゲゼルシャフトの究極の姿である。

編者からひとこと　社会の歴史も個人の生活も、ゲマインシャフトからゲゼルシャフトへと移行し、しだいに前者は力を失っていくと、テンニエスは考えたが、ゲマインシャフトが完全に消滅することはありえない。ゲマインシャフト的生活こそ人間にとって実在のものであって、ゲゼルシャフトは虚構（擬制）にすぎないからである。実在と虚構をともにそなえているのが、人間の本来の生活である。

［文献案内］　杉之原寿一訳（岩波文庫）。

民主主義の本質を説く

「社会契約論」

ルソー

著者と作品紹介

フランスの作家、思想家のジャン＝ジャック・ルソー（一七一二―七八）は、スイスのジュネーヴに生まれ、おもにフランスで波瀾万丈の生涯を過ごした。「近代の父」とも呼ばれ、文学や思想の面で、近代のさきがけとなる作品を残した。政治に関心を持つようになったのは、ヴェネツィア駐在フランス大使の秘書としてイタリアに滞在していた三十代のはじめのころで、それから約二十年後に書かれたのが、民主主義の本質を説いた『社会契約論』（一七六二）である。国家とは人民すべての契約によってつくられ、主権者である人民の意志が最高の権威を持ち、政府は主権者のしもべでなければならないというルソーの思想は、フランス革命によって実現された。

要約

社会契約から国家は生まれる

人間は自由な者として生まれたが、いたるところで鎖につながれている。自分が他人の主人であると思っているような者も、実はその人びと以上に奴隷なのだ。

まず、力は権利を生み出さないこと、また、人は正当な権力にしか従う義務がないことを認めよう。このように、いかなる人間もその仲間にたいして自然的な権威をもつものではなく、力はいかなる権威をも生み出すものではない以上、人間のあいだの正当なすべての権威の基礎としては、約束だけが残ることになる。

人間は新しい力を生み出すことはできず、ただすでにある力を結びつけ、方向づけることができるだけであるから、生存するためにとり得る手段としては、集合することによって、抵抗に打ち勝ちうる力の総和を自分たちでつくり出し、それをただひとつの原動力ではたらかせること、それ以外にはない。この力の総和は、多人数の協力によってしか生まれ得ないが、各人が自分の自由と力を保持しながら、協力するにはどうすればよいか。それは次のような言葉であらわすことができる。

「各構成員の身体と財産を、共同の力のすべてをあげて守り保護するような結合の形式を見出すこと。それによって各人が、すべての人びとと結びつきながら、しかも自分自身にしか服従せず、以前と同じように自由であること」

これこそ根本の問題であり、社会契約がこれを解決する。社会契約の本質は次の言葉に帰着する。「われわれ各自は、身体とすべての力を共同のものとして、われわれの総意である一般意志の最高の指導下におく。そして、われわれは各構成員を、全体の不可分の一部として、ひとまとめとして受け取る」

国家を動かすのは一般意志である

社会契約という結合行為は、ひとつの精神的で集合的な団体をつくり出し、その団体は、集会における投票者と同数の構成員からなる。このようにすべての人びとの結合によって形成されるこの公的な人格は、かつては都市国家という名をもっていたが、今では共和国または政治体という名前をもっている。それは構成員からは国家と、また、活動する主体としては主権者と呼ばれ、構成員は、集合的には人民、個々には市民という名をもつ。

このような社会契約を空虚な法規としないために、この契約は、何びとにせよ、一般意志への服従を拒む者は、団体全体によってそれに服従するように強制されるという約束を、暗黙のうちに含んでいる。自然状態から社会状態へのこのような推移は、人間のうちにきわめて注目すべき変化をもたらす。人間の行為において、本能を正義によって置きかえ、義務の声が肉体の衝動と、権利が欲望と交代し、以前は自分のことだけを考えていたものが、それまでとは違った原理によって動き、自分の好みをきく前に理性に相談しなければならなくなっていることに気がつき、魂の全体が高められる。

社会契約の原則から第一に生まれてくる、もっとも大切な結果は、国家をつくった目的、つまり、公共の幸福にしたがって、国家のもろもろの力を指導できるのは、一般意志だけだということである。なぜなら、個々人の利害の対立が社会の設立を必要としたとすれば、その設立を可能にしたのは、この同じ個々人の利益の一致だからである。こうしたさまざまの利害のなかにある共通のものこそ、社会の絆を形づくるのである。

だから私は言う、主権とは一般意志の行使にほかならぬのだから、これを譲り渡すことはけっしてできない、と。また、主権者は集合的存在にほかならないのだから、それはこの集合的存在そのものによってしか代表され得ない、と。

▽**「人はすべて生まれつき自分に必要なすべてのものにたいして権利をもっている」**――このことを日本国憲法は第二十五条でこう規定している。〈すべての国民は、健康で文化的な最低限度の生活を営む権利を有する〉と。

▽**「すべて合法的な政府は、共和的である」**――この言葉にたいして、ルソーは、政府が主権者のしもべであるかぎり、君主制も共和的となると注釈をつけているが、これは明らかに当時のルイ王朝への挑戦である。『社会契約論』は、ほぼ同時に出版された『エミール』とともに、社会秩序を乱すという理由で発禁となり、フランスとジュネーヴで逮捕状の出されたルソーは諸国放浪の身となる。

▽**「国家に安定性を与えようと思うならば、両極端をできる限り接近させるべきである。百万長者と乞食のいずれをもみとめてはならない。このふたつの身分は、本来、不可分なのだが、ひとしく公共の幸福に有害である」**――いまだに世界はルソーの思想とはほど遠いところにある。そのことは、民族や政治体制の違いに関係なく、世界のすべての国で共通している唯一のことを見ればわかる。世界中のどこにも、百万長者と乞食が共存しているという事実である。なぜ両者が不可分なのかは言うまでもない。

▽**「行政官の人格のなかに、本質的に異なった三つの意志を区別することができる。第一**

は、自己の利益のみを求める個別意志、第二は、統治者の利益にのみかかわりをもつ団体意志、第三に、人民の一般意志である。これらの意志は、自己に集中するにつれて、いっそう活動的になり、一般意志はつねにもっとも弱く、団体意志は二番目、もっとも強いのは個別意志である」——まさに、このルソーの予言は、利権（団体意志）と権力欲（個別意志）によって動く現代の国家において実現されている。

▽**「アリストテレスは、僭主《せんしゅ》と国王とを区別して、前者を自己の利益のために統治する者、後者を臣民のために統治する者とした。この区別に従うと、世界がはじまって以来、まだひとりの国王もなかったということになるだろう」**——これも当時のフランスの国王にたいする強烈な批判でもある。ルソーには迫害も覚悟でこんなことを言う勇気があった。実際には、国王が首相や大統領に変わっても、事態はほとんど変わらないことを示している。

編者からひとこと　「普通の人間と見られるくらいなら、私はいっそ人類全体から忘れ去られたほうがいい」と、ルソーは言っている。たしかに彼は、当時の社会の枠に収まりきらない桁外れの人間だったが、彼の考えたことは、今なお説得力があり、実に真っ当なものに思えるのである。彼をもっと知りたい方には、自伝『告白』をおすすめしたい。

[文献案内]　桑原武夫・前川貞次郎訳（岩波文庫）。

どのようにしてひとりで生きるか

「ロビンソン・クルーソー」

デフォー

著者と作品紹介

イギリスの小説家、ジャーナリストのダニエル・デフォー（一六六〇—一七三一）は、イギリスにおけるジャーナリストの父とも言われ、みずから創刊した週刊誌で健筆をふるい、時代に大きな影響を与えたが、彼の名を世界文学史上にとどめることになったのが、無人島で五年間を過ごした実在の船乗りの体験を取材して書いた『ロビンソン・クルーソー』（一七一九）である。孤島でのロビンソンの生活からわかるのは、文明社会で得た知識や道具、物資などがなくては、彼は生きることができなかったということである。人間はどこへ行っても、それまでしてきたようにしか生きられない。彼の生き方のなかに、当時のイギリス社会が凝縮されていると言える。

要約

金塊より貴重な大工道具

私、ロビンソン・クルーソーは一六三二年、イギリスのヨークに生まれた。外国に出かけるのが私の唯一の望みであった。あるとき、アフリカのギニア海岸をめざした航海で、船は嵐に遭遇して座礁し、乗り移ったボートもたちまち転覆、気がつくと私ひとりだけが砂浜に打ち上げられていた。持っていたのはナイフとパイプだけだった。

船は海岸から一マイルほどのところに座礁していた。私は船首からさがっていた縄を伝わって、船に登り、丸太や板で筏《いかだ》をこしらえ、必要なものを船から運ぶことにした。まず、ビスケット、米、チーズ、山羊の乾燥肉、ぶどう酒などの食糧。ほうぼう探して見つけた大工の道具箱は、この際、船一杯分の金塊よりも貴重なものだった。次は、弾薬と武器、散弾と火薬の樽。これらに劣らず貴重だったのは、ペンとインクと紙で、これで日記を書き残すことができた。航海術の本と聖書、祈禱《きとう》書なども持ってきた。さらに、一匹の犬と二匹の猫。犬は私によく仕え、役に立ったが、口だけはきけないのが残念だった。

丘に登って、そこが小さな島であることがわかった。見渡すところ、この孤島に人が住んでいる気配はなかった。大きな木が茂り、無数の鳥がいた。私は、海岸の近くの丘の下の平地にテントを張って住むことにした。ここに半径九メートルほどの半円を描き、これに沿って二列に身長の高さほどの頑丈な棒杭を地面に打ち込み、堅固な柵をこしらえた。かくて私は柵で完全に囲まれて、安心して寝ることができた。

島に来て十日ばかりして、日付や曜日がわからなくならないように、大きな柱にナイフで、「一六五九年九月三十日に私はここに上陸した」と刻みつけ、私が漂着した海岸に立てた。この柱に毎日、刻み目をつけて、一週間、一か月、一年の経過を知った。

神のご加護で帰国できる

島に来てから二十年以上の歳月がすぎたころ、私は、自分の置かれた状態に満足しないという、人間がもっともかかりやすい病気にとりつかれ、何とかしてこの島を脱出したいという計画で頭がいっぱいになっていた。その唯一の方法として、このあたりの海や島のことをよく知っている野蛮人をひとり手に入れるほかはないと考えた。

ある日、私の家の前の海岸に五艘の舟が引き上げられているのを発見した。三十人あまりの野蛮人が焚火で何かの肉を焼きながら、火のまわりで得体の知れない踊りをおどっていた。舟から引き出された野蛮人のひとりが、私の家のほうに向かって逃げ出し、ふたりの野蛮人がその後を追って来た。いまこそ私の召使になり得る人間が得られるときだと、神もこの野蛮人の命を救うことを命じ給うておられることを確信して、ふたりの追手を撃ち殺し、その男を助けた。海岸にいた野蛮人たちはそんなことにはまるで気がつかないかのように、大宴会を終わると舟に乗って去って行った。

私が救った男は、背が高く、年は二十六歳くらい、眼はいきいきとして利口そうに見えた。その日が金曜日だったので、彼をフライデーと呼ぶことにした。彼には私をマスター（主人）と呼ぶように言い、イエスとノーにはじまって、いろいろな言葉を教えた。私と話ができるようになると、宗教について教え、ともに聖書を読んで、その意味を説明した。

白人が漂着したことがあるという島まで渡る準備をしていたある日、沖合いにイギリスの帆船を見つけ、フライデーとともに島をあとにした。二十七年二か月十九日間の滞在だった。私は船長に、あなたは神によって私を救うために遣わされたのだと言い、今度の出来事は、神がどんな所にいる人間でもお救いになることができることの実証だと、船長に語った。

▽「私は自分の置かれた状況を真剣に考えはじめ、毎日、同じことを考えつづけて気が滅入ることがないように、いいことと悪いことを、帳簿の貸方と借方と同じようにならべてみた」――貿易商人のロビンソン・クルーソーは、商売の原理を孤島での生き方にも当てはめた。〈私はこの孤島で生活しなければならない〉は借方（マイナス）、〈しかし、ここには食べるものがある〉は貸方（プラス）に記入した。彼は、最悪の状況でも貸方に記入できるものが必ず見出せるということがわかった。すばらしい人生の知恵である。

▽「私は、生活にどうしても必要なものとして、まず、テーブルと椅子をつくった。ここで言っておきたいのは、理性にしたがって工夫し、合理的判断にもとづいて行動すれば、われわれはどのような手仕事にも長じるようになるということである」――ロビンソン・クルーソーの物語は、ひとりの人間の自立の物語でもある。そこでいちばん必要なのは、できるかぎりのことは自分でする、ということである。彼は、それまで大工道具を手にしたことがなかったが、必要にせまられ、努力と工夫でベッドまでつくれるようになった。

▽「それまで一度も神のことを考えたことも、自分の生活について反省したこともなかった。しかし、病気になって、高熱で身体が弱り、長いあいだ眠っているうちに良心が

目覚めて、私は自分の過去の生活を後悔しはじめた」――孤島での生活は、自分を振り返るよい機会であった。彼は、毎日、朝と晩に聖書を読むようになる。

▽**「インクだけはどうしてもつくることができなかったが、それ以外のものなら何とか工夫することができた。土鍋をつくることもできたし、船から持ってきた種が地面にこぼれて発芽したのをたまたま発見して、植物の栽培を思い立ち、収穫した小麦を石臼でひいてパンを焼くこともできた」**――ほとんどのものは自分でつくれるという自信がロビンソン・クルーソーの生きる支えとなった。山羊を生け捕りにして、山羊の牧場をつくり、その乳からバターやチーズ、その脂からロウソクを、その皮から服や帽子をこしらえた。インクは、アレクサンドル・デュマの『モンテ・クリスト伯』によると、煤《すす》に葡萄酒を混ぜるとできるそうである。

▽**「家のまわりに柵をつくるために地面に打ち込んだ棒杭は、やがて根を下ろし、芽を出し、枝を伸ばして繁り、そのうしろに人間の住居があるとは思えないほどになった」**――こんなに恵まれた自然のなかで、ロビンソン・クルーソーは暮らしていたのである。

（編者からひとこと）この物語には続編があって、所有していた農園を売り払って大金持ちになったロビンソン・クルーソーは、ふたたび航海に出かけ、例の孤島を再訪する。

[文献案内] 平井正穂訳（岩波文庫）、吉田健一訳『ロビンソン漂流記』（新潮文庫）、増田義郎訳『完訳ロビンソン・クルーソー』（中公文庫）。

理想の世界を描く

「ユートピア」

トマス・モア

著者と作品紹介

イギリスの人文主義者で政治家のトマス・モア（一四七八—一五三五）の名は、理想の世界を描いた『ユートピア』（一五一六）の著者として歴史に記されている。この「ユートピア Utopia」という言葉じたい、「どこにもない場所」と「よい場所」とを意味するギリシア語から彼が考え出した造語である。ラファエル・ヒスロディという人物が、新大陸で発見したユートピア国のことを作者に語るというかたちでこの作品は書かれている。モアは、政治家として「大法官」という最高の地位にのぼりつめたが、国王の離婚および再婚と王位継承権をめぐる問題で、それまで寵愛を受けていたヘンリー八世の不興を買い、反逆罪に問われ、死刑に処せられた。

要約

農業が共通の仕事

ユートピアは、湾をかこむ直径二百六十キロほどの円のような形をした島にあって、全部で五十四の都市からできている。都市のまわりには農村地帯がひろがり、都市に住む市民が順番で農村に住みついて、農作業に従事する。普通は二年交代であるが、農業に興味をもつ人は、長期間、田舎に住むことができる。

ユートピアの都市はすべて同じようにつくられている。首都のアモーロート市は一辺約三キロの四角形をしていて、幅約六メートルの街路には、端から端まで櫛《くし》の歯のごとく整然と家がならんでいる。家の裏側には広い庭があり、どの家の出入り口も両開きになっていて、錠も閂《かんぬき》もない。誰でも扉を指先でちょっと押すだけで自由に出入りできる。それというのも、ユートピアでは私有財産というものがないからである。私有財産がないから、ものを盗むということもない。住む家は十年ごとに抽選によって交換することになっている。

三十世帯ごとにひとりの家族長が選出される。その任務は、誰もが仕事に精を出すように、また、働きすぎないように注意し監督することにある。総数二百人の家族長によって、市長が選出されるが、市長の職は専制の嫌疑でもないかぎり、終身職である。ただし、役人はすべて任期が一年である。

農業は男女の別なく、すべてのユートピア人に共通の仕事となっている。みんな子供のときから農業について教えこまれ、誰もが農業に熟練している。農業のほかに、彼らはみな例外なく、何らかの技術を習得しなければならない。毛織業、亜麻織業、石工、鍛冶、大工といったもののほかに、とりたてて言うほどの職業はない。衣服は各家庭でつくられるので、仕立屋といった職業はない。

国民すべてがゆたかになる唯一の国家

ユートピアには二種類の奴隷がいる。凶悪な犯罪を犯したために自由を奪われたユートピア人と、死刑を宣告された他の国の国民である。後者は安い値で買われてくることもあるが、無償で連れてくることが多い。奴隷は年中無休で労役に使われている。

病人には細心の配慮がなされているが、もしその病気が不治であるばかりでなく、たえまない激痛をともなう場合、司祭と役人は、いっそのことこの苦しい病気と縁を切ったらどうかとすすめる。これを納得した病人は、みずから絶食したりして死んでゆく。

法律はごくわずかしかない。また、訴訟を巧妙にあやつる弁護人は無用の存在とされている。人間は自分自身で自分の事件を弁護すべきだと考えられているからである。ユートピア人はいずれもすぐれた法律家である。法律がつくられたのは、すべての人に自分の義務を思い出させるためであると、彼らは言う。

ユートピア人は戦争を大いに嫌い憎んでいて、他の国々の習慣とはちがって、戦争で得られた名誉ほど不名誉なものはないと考えている。常設の軍隊はなく、志願兵のみであるが、自分の国と国民を守るために、男も女も軍事教練に励んでいる。ひとたび戦争が布告されると、まず、ひそかに敵国の要所要所に、その敵国の国王を暗殺した者に莫大な報償金を払うという布告書を掲げる。敵国内部を攪乱《かくらん》したり、隣国に戦争を仕掛けたり、そのために資金援助をしたりするが、けっして自国の兵士は送らない。それは最後の最後になってからである。

思うに、この国こそ世界中で最善の国であるばかりでなく、国民すべてがゆたかになるという共和（コモン）国（ウェルス）の名に値する唯一の国家であろう。ここでは、誰も何も持っていないが、しかし、みながゆたかなのだ。

▽「ユートピア人は一日二十四時間のうち、わずか六時間を労働にあてるにすぎない。午前中に三時間の労働、昼食後は二時間の休息と三時間の労働、そして、夕食。夜の八時には床に就き、八時間の睡眠をとる」――ユートピア人は自由時間を有効に活用する。早朝には講義をきき、夕食後は音楽の練習をしたり、「高尚な話題に花を咲かせる」。何とも、ユートピア人は優等生ぞろいなのである。だからこそユートピアが可能なのである。

▽「彼らは仕事をしているとき、七年間はもつといわれる皮革製の質素な服を着ている。外出するときは、そのうえに上着を着るが、この上着は全島を通じて同じ型、同じ色合の、羊毛の生地の色であって、流行によって変わることはない」――すべてが質素である。織物の消費量も少なくてすむ。これなら一日六時間労働でやっていけるのであろう。

▽「各区の中心には市場がある。ここへ各家族の父親がやってきて、必要なものをいくらでも持ってゆく。金も要らなければ、交換するものも要らない。なぜなら、すべてのものが豊富にあって、しかも誰も必要以上にむさぼる心配のないところでは、欲しいものを欲しいだけ渡しても、何の不都合もないからである」――必要なものが必要なだけそなえられているというのが、真のゆたかさである。最大の難問は、自分には何が

どれほど必要かを見きわめることである。

▽**「結婚の相手を選ぶにあたっては、男性も女性もたがいに自分の裸体を見せることになっている。相手のすべてを知ったうえで選ぶことができるようにするためである」**——姦通と異常な振舞いのほかには、離婚できないことになっている。姦通罪は奴隷刑に該当する。

▽**「ユートピア人は貿易によって巨額の金銀を貯えているが、それは財宝としてではなく、戦争にそなえて、外国の傭兵を雇ったりするためである。彼らは金と銀によって便器を作っている。人びとの心に金銀は汚いものだという観念を植え付けるためである」**——ユートピアでは、貨幣が廃止されている。これについて〈貨幣にたいする欲望が追放され、そのためにどれほど多くの悩みや争い、悪徳や害毒が姿を消したことであろうか〉と、モアは言っている。

（編者からひとこと）古代ギリシアのプラトンの『国家』にはじまって、理想世界の構想は、西洋の思想および文学の連綿とつづく主題である。思想の分野では、マルクスの共産主義社会などもこの系列上にある。文学では、トマス・モアを出発点として、カンパネラ『太陽の都』、ベラミー『顧みれば』、サミュエル・バトラー『エレホン』、ウィリアム・モリス『ユートピア便り』、ハックスリー『すばらしき新世界』などがある。

[文献案内] 平井正穂訳（岩波文庫）、沢田昭夫訳（中公文庫）。

野獣と人間をたくみに使い分ける術

「君主論」

マキアヴェッリ

著者と作品紹介

イタリア・フィレンツェの政治思想家、歴史家のニッコロ・マキアヴェッリ(一四六九—一五二七)は、二十九歳の若さで、フィレンツェ共和国の書記官に任命され、外交官として活動したが、メディチ家によって共和国が倒されると、官職から追放され、隠棲先でそれまでの体験や研究などをもとに書いたのが『君主論』(執筆=一五一三、出版=一五三二)である。君主国の種類やあり方、君主の要件などが論じられているが、とくに興味深いのは、君主には、ときには冷酷になり、信義を守らないことも必要であるといったことが述べられている部分である。これらの権謀術数を旨とする思想は、後に「マキアヴェリズム」と呼ばれることになる。

要約

君主たる者、悪評などを恐れてはならない

人間の実際の生き方と、人間いかに生きるべきかということとは、はなはだ隔たりがある。だから、なすべきことを重んずるあまり、いまなされていることを軽んずる者は、自分を保持するどころか、破滅を思い知らされるのが落ちである。そこで必要なのは、君主が自分の地位を保持したければ、善からぬ者にもなり得るわざを身につけ、必要に応じて、それを使ったり使わなかったりすることだ。

善なるものばかりを身につけることはできるわけがないから、ひたすら思慮深く振舞って、悪徳にまつわる悪評から逃れるすべを知っていなければならない。しかし、悪徳なくしては政権を救うことが困難であるような場合には、悪徳にまつわる悪評のなかへはいり込むのを恐れてはならない。なぜなら、すべてを熟慮してみれば、美徳であるかに思われるものでも、その後についてゆくと、おのれの破滅へ到ることもあり、また、悪徳である

かに思われていたものでも、その後についてゆくと、おのれの安全と繁栄を生み出すこともあるのだから。

君主は誰しも慈悲深く冷酷でないという評判を取りたいと願うべきである。しかし、おのれの臣民の結束と忠誠心とを保持するためならば、冷酷という悪評など意に介してはならない。なぜなら、過度の慈悲ゆえに殺戮《さつりく》と略奪の温床となる無秩序を放置する者よりも、一握りの見せしめの処罰によって秩序を維持する者のほうがはるかに慈悲深い存在になるからである。無秩序は住民全体を損なうが、処罰は一部の個人を害するにすぎない。

君主は、慕われないまでも、憎まれることを避けながら、恐れられる存在にならねばならない。必要があって誰かの血を流さねばならないときには、都合のよい正当化と理由をあげて、これを断行しなければならない。

どのようにして君主は信義を守るべきか

君主が信義を守り、狡猾《こうかつ》に立ちまわらずに、言行一致を旨とするならば、いかに讃えられるかということぐらいのことは、誰にもわかる。しかし、私たちが世に見てきたのは、信義などほとんど考えにいれない、狡猾な君主が偉業をなしとげてきたという事実である。

戦いに勝つには、ふたつの方法があることを知らなくてはならない。そのひとつは法により、もうひとつは力によるもので、前者は人間本来のものであり、後者は野獣のものである。だが、前者だけでは不十分であって、後者の助けを求めなくてはならない。つまり、君主は、野獣と人間とをたくみに使い分けることが必要である。

君主たる者に必要なのは、慈悲深く、信義を守り、人間的で、誠実で、信心深いといった資質を現実に備えていることではなく、それらを身につけているかのように見せかけることである。これらの資質が身に備わっていないことを暴露してしまうような言葉は、けっして口にせぬよう、十分に気をつけねばならないが、これらの資質をつねに実践することは、むしろ有害である。わけても新しい君主は、国を維持するためには、時に応じて、信義に背き、無慈悲になり、宗教に反する行動をとらねばならない。可能なかぎり善から離れることなく、しかし、必要とあれば断固として悪のなかへもはいっていくすべを知らねばならない。

君主たる者は、したがって、ひたすら戦いに勝って国を維持するがよい。その手段は正当化され、賞賛されるであろう。民衆はつねに出来事の結果だけで評価するものだ。とくに気をつけるべきは、民衆から憎まれないことである。市民を励まし、商業にせよ、農業にせよ、安んじて彼らが各自の生業に専念できるようにしなければならない。

読みどころと名言

▽**「たとえどれほど強大な軍事力に支えられた者でも、ある地域へ攻め入るときには、つねにその地域住民たちの好感を必要とする」**――住民の支持を得られない支配者にとって、いかに軍事力が頼りにならないかを、マキアヴェッリは見聞していた。たとえば、ミラノ公国を占領したフランス王ルイ十二世が、わずか一年後にその領土を失ったのも、民衆の支持を得られなかったからである。二十一世紀の超大国も同じ轍《てつ》を踏もうとしている。

▽**「最良の城塞があるとすれば、それは、民衆に憎まれないことだ。たとえどれほど堅固な城砦を持っていようとも、民衆の憎しみを防ぐことはできない。民衆がひとたび武器を取って立ち上がれば、民衆を助けに駆けつける外敵はあとを絶たないから」**――君主の最大の任務は権力の維持であって、そのために民衆の支持をいかにして確保するかが肝心であると、マキアヴェッリは考える。いわゆる「マキアヴェリズム」は、そのための方法であり、ほとんどすべての権力者は「マキアヴェリズム」の信奉者だと言ってよい。

▽**「君主が敢然として一方の側に立つと態度を表明すれば、相手はあなたに恩義を感じ、そこに友愛の絆が結ばれる。人間というものは、忘恩の徒の見本になるほど不誠実にはなれないものである」**――マキアヴェッリの思想の根底には人間不信がひそんでいる

が、まったく人間を信じていないわけでもない。美徳を完備した人間がいないように、美徳をひとかけらも持っていない人間もいない。人間不信の裏には人間信頼の願望が隠されている。

▽**「聡明だという評判をかちえている君主について、彼の素質より、側近の立派な助言者のおかげだと言う人がいるが、これはあきらかに誤りである。なぜなら、君主が聡明でなければ、良き助言を受け容れることはできないからである」**――これは「一般法則」である。いかによき助言も、浅薄な頭脳には、無価値である。これを「馬耳東風」と言う。

▽**「私たちの行為の半ばまでを運命の女神が勝手に支配しているのは真実だとしても、残る半分は私たちの支配にまかされていると見るのが真実であろう」**――運命の半分は人間の手中にある。〈天災は忘れたころにやってくる〉という言葉があるが、人間が忘れているのは、天災のことではなく、天災への備えである。〈運命が威力を発揮するのは、人間が備えを怠った場所である〉と、マキアヴェッリも言っている。

編者からひとこと　マキアヴェッリが政治の現実をまざまざと思い知らされた大きなきっかけは、理想主義を説くあまりフィレンツェ市民の支持を失って、火刑に処せられたサヴォナローラの悲劇である。「武器なき予言者は滅びる」とマキアヴェッリは記している。

［文献案内］大岩誠訳（角川ソフィア文庫）、河島英昭訳（岩波文庫）、佐々木毅訳（講談社学芸文庫）、池田廉訳（中公文庫）。（角川ソフィア文庫と岩波文庫以外は、著者名は〈マキアヴェリ〉と表記されている）

4 歴史を知るために

仮説を実証した「実験航海」の記録

「コン・ティキ号探検記」

ヘイエルダール

著者と作品紹介

ノルウェーの人類学者、トール・ヘイエルダール（一九一四―二〇〇二）は、オスロ大学で動物学を学び、南太平洋・ポリネシアで海洋生物の研究を行っていたが、島の古老の話などから、ポリネシア人の祖先は南アメリカから渡来したのではないかという仮説を得て、これを検証するために、五人の仲間とともに、「コン・ティキ号」（コン・ティキは、インカ文明以前の王の名）と名づけたバルサ材の筏《いかだ》で、ペルーから約八千キロ離れたポリネシアの島まで航海し、仮説を実証した。その記録『コン・ティキ号探検記』（一九四八）によって、ヘイエルダールは歴史の事実を実験によって確かめる「実験航海」という方法の創始者となった。

要約

海の向こうの大きな国

われわれは海辺に腰をおろし、砕ける波を見つめていた。東のほうの水平線を超え、島々へと、海面を騒がし、掘り起こし、前のほうへうねらせるのは、永遠の東風、すなわち貿易風だった。水平線のずっと、ずっと向こうに南米の広々とした海岸が横たわっているということを知っていた。

「ティキは」と、島の古老は静かに言った。「神にして、酋長《しゅうちょう》でした。私たちの祖先をこの島々に連れてきたのは、ティキでした。その前、私たちは海の向こうの大きな国に住んでいたのです」

私は妻に言った。「この島のジャングルにあるコン・ティキの巨大な石像が、南米の消え失せた文明の巨大な石像にとてもよく似ていることに気がつかなかった？」

こうして、われわれ六人の男と緑色のオウム一羽が、筏に乗って南米の海岸を出発するという一連の事件がはじまったのであった。

ポリネシア人は、全ヨーロッパの四倍の海域に散らばって住みながら、北のハワイから南のニュージーランドまで、西のサモアから東のイースター島まで、みな共通のポリネシア語の方言を話し、ほとんどすべての島には学者がいて、最初の移民の時まで遡って、その島の全酋長の名前をそらんじることができた。

ペルーを中心に一大帝国を築いたインカ族には、自分たちの祖先は太陽神・ティキを太平洋に追い出したという伝説がある。また、南太平洋のあらゆる住民は、自分たちの祖先は太陽の息子、ティキであると信じていた。私は、これらのティキは同一であることを疑わなかった。私は自分の学説を完成した。残る仕事は、これを実証することである。

大洋を渡る小さな筏

私の学説に賛同して、実験航海に参加する隊員が集まり、隊員の協力で、直径一メートルもあるバルサの大木をエクアドルのジャングルで切り倒し、ペルーの海岸に運んで筏に組むことができた。真ん中に長さ十五メートル、両端には長さ十メートルの丸太を全部で九本ならべ、直径三センチほどの麻の綱でしっかり結び合わせ、その上に割り竹の甲板を置き、中央には竹で小屋をつくり、屋根をバナナの葉で葺《ふ》いた。小屋の前にマングローブの木の帆柱を立て、竹の幹の横柱に帆を張った。すべて、ペルーの古い筏の忠実な複製だった。

ある提督は、麻の綱は切れ、気孔の多いバルサは完全に水浸しになって沈んでしまうだろうと言って、航海を思いとどまるよう私を説得した。しかし、私は、もし西暦五〇〇年にバルサの筏がコン・ティキをはるか彼方の島に運んだのだとしたら、今だって同じことをしてくれるだろうと考えた。

こうして、一九四七年四月二十八日、コン・ティキ号は、四か月分の食糧と千リットルの水、その他の装備を載せて、ペルーのカヤオを出航した。筏は、南極からペルー沿岸を北上して、赤道の下を西に流れるフンボルト海流に乗り、貿易風を帆に受け、毎日、太陽の動きを追いかけて西へ西へと前進した。嵐のなかで、筏が一晩中、キーキーと音をたてることもあったが、バルサは沈まず、綱は切れなかった。バルサの木は柔らかだったので、綱はゆっくりと木のなかに喰いこんでいって、守られていたのだった。

出航して百一日目、約八千キロの海を渡ったコン・ティキ号は、タヒチ島の近くの小さな無人島を囲む、紺碧の珊瑚礁に座礁した。それは難破船だった。しかし、名誉ある難破船だった。九本のバルサの丸太はびくともしていなかった。航海は終わったのだ。われわれはみんな生きていた。バルサの筏でどこまで到達できるかが実証されたのである。

読みどころと名言

▽「われわれはおいしい魚が空中を突進して来る、魔法の海の国にいた。炊事当番の朝の最初の仕事は、夜のあいだに筏のうえに落ちたトビウオを拾い集めることだった。いつも五、六匹以上、ある時などは、二十六匹も発見した。それらはフライにして食べた」――筏のまわりにはいつも魚がいた。トビウオのほかに、イワシやヤリイカも筏のうえに飛んで来た。カツオが波とともに運ばれてくることもあった。ヤリイカでマグロを釣った。その昔、コン・ティキの一行も同じように海の幸を堪能しながら航海したにちがいない。

▽「毎晩、筏のうえの小さな無線局から、航海記録と気象観測データが発信された。それがたまたま素人のラジオ愛好家たちによって受信されると、ワシントンの気象研究所やその他の機関に伝えられた」――未知の航路を行くコン・ティキ号にとって、他の世界との唯一の絆は無線だった。座礁した際も無線で連絡をとり、救出された。

▽「隊員は各自、自分の責任分野を持っていて、誰も他人の仕事に干渉はしなかった。舵当番と炊事は平等に分担され、誰でも昼二時間、夜二時間、舵オールを握った」――長さ六メートルあまりの舵オールは、舵にもオールにもなった。いつも筏を西に向けておくのが舵当番の仕事である。夜の当番は救命ロープを腰に巻くことという規則があ

った。また、〈用をたす場所〉は、後部の丸太の一番先ときめられていた。

▽**「昔のポリネシア人は偉大な航海者だった。昼は太陽により、夜は星によって、船の方位を定めた。天体についての知識は驚くべきものだった。地球が丸いということを知っており、赤道や南北回帰線のような難解な概念にたいする呼び名を持っていた」**――ポリネシア人は、ヒョウタンに海図を彫ったり、枝を編んで海図をつくったりしていた。その海図には海流などもあらわされていた。彼らは二百近い恒星に名前をつけ、どの島ではどの星が真上になるかを知っていて、その星の名から島の名をつけることもあったという。

▽**「われわれが村の百二十七人の住民と知り合いになるや、長いテーブルがふたりの酋長とわれわれ六人のために置かれ、村娘たちがご馳走をもってやってきた。こうして歓迎のお祭りがはじまり、それは何週間か後に島をあとにするまで終わらなかった」**――大歓迎を受けた探検隊員たちは、筏とともに帰国した。筏は、オスロ郊外の博物館に保存されている。

編者からひとこと　その後、ヘイエルダールは、ガラパゴス島を探検して、『アク・アク』を、復元した古代エジプトの葦舟でモロッコから大西洋横断を行い、『葦舟ラー号航海記』を、さらには、ティグリス河とユーフラテス河の合流点からアフリカまで航海して、『ティグリス号探検記』を発表した。いずれも歴史を検証する実験航海である。

[文献案内]　水口志計夫訳（河出文庫）。

ユダヤ人強制収容所の体験記録

「夜と霧」

フランクル

著者と作品紹介

オーストリアの精神医学者で実存分析の創始者、ヴィクトール・エミール・フランクル（一九〇五—九七）は、一九四二年、ユダヤ人であるという理由でナチス・ドイツに逮捕され、結婚して間もない妻とともに強制収容所へ送られ、四五年に解放されるまで、アウシュヴィッツなど四つの強制収容所を体験した。その記録が『夜と霧』（原題は「…それでも人生にイエスと言う——心理学者、強制収容所を体験する」一九四七）である。第二次世界大戦中、ヒトラーのユダヤ人絶滅計画によって、強制収容所で約六百万人のユダヤ人が命を奪われ、アウシュヴィッツでは約二百五十万人がガス室で殺されたと推定されている。フランクルの妻も、両親も、弟も、強制収容所で死亡した。

要約

どんな悪夢もこの収容所の現実にくらべたらまだましだ

一一九一〇四、というのが私の被収容者番号だった。被収容者は強制収容所に到着するとすぐ、持ち物をすべて取りあげられ、身分を証明するものをいっさい失い、この番号によって識別される。私たちを最初に襲うのは、収容ショックとでも言おうか。想像してほしい。千五百名は、もう何日も昼夜ぶっ通しの移送の途上にある。貨車一台に八十人ずつが乗せられ、荷物の上にごろごろと折り重なっていた。四日間にあてがわれたのは、たった一切れのパンのみ。上のほうにかろうじてのぞいている窓から、明け方の空が見える。

「駅の看板がある……アウシュヴィッツだ！」

この瞬間、誰もかれも、心臓が止まりそうになる。アウシュヴィッツと聞けば、ぴんとくるものがあった。ガス室、焼却炉、大量殺戮《さつりく》……。私たちは、貨車から降り、男女別に一列になって、親衛隊将校の前を歩けと、指示を受けた。その男は、右手の人差指を左右に動かしていた。私は右を指示され、そちらのほうへ走った。

夜になって、私はその人差指の動きの意味を知った。左のほうへ行った友人の行方がわからないと言うと、収容所暮らしの長い被収容者が、「だったら、ほらあそこだ」と、数百メートル離れた煙突を指さした。煙突からは無気味な炎が吹き出し、真っ黒な煙となって消えていく。「あそこからお友達が天に昇って行っているところだ」と彼は言った。

アウシュヴィッツでの第一夜、私は三段ベッドで寝た。一段（縦が二メートル、幅が二・五メートルほど）のむきだしの板敷きに、毛布一枚で九人が横になった。

私たちは慢性的飢餓状態のなかで、毎日、重労働を強いられ、衰弱しきっていた。夜中に見る夢といえば、幼児並みのパンやケーキの夢だった。ある夜、となりで眠っていた男が、声をあげ、身をよじっていた。私は揺り起こそうとさしのべた手を引っこめた。そのとき思い知ったのだ、どんな悪夢も、収容所のこの現実にくらべたらまだましだ、と。

生きることに意味があるとすれば、苦しむことにも意味があるはずだ

ほとんどの被収容者は、風前の灯火のような命を長らえさせるという一点に神経を集中せざるを得なかった。この至上の関心事に役立たないすべてのことはどうでもよかった。

私はアウシュヴィッツからダッハウに送られる途中、生まれてから追放される日まで住んでいたウィーンを通過した。通りや広場や家並みが見えても、まるで自分がすでに死ん

でいて、死者としてあの世から、この幽霊じみた町を見下ろしているような気がした。そこにはクッハウに到着したとき、そこにいた被収容者が重要な第一報をもたらした。そこには「かまど」がない、と。私たちの喜びようといったらなかった。

私の心を苛《さいな》んでいたのは、私たちを取り巻くすべての苦しみや死には意味があるのか、という問いだった。およそ生きることそのものに意味があるとすれば、苦しむことにも意味があるはずだ、と私は考えた。苦しむこともまた生きることの一部だからである。

人間の真価は収容所でこそ発揮された。もっとも大切なのは、私たちが生きることから何を期待するかではなく、生きることが私たちから何を期待しているかということである。生きるとは、生きることが各人に課す義務を引き受けることにほかならない。自分を待っている仕事や愛する人間にたいする責任を自覚した人間は、生きることから降りられない。

ある朝、収容所のゲートに白旗がひるがえった。疲れた足を引きずるように、仲間たちは収容所のゲートに近づいた。おどおどとあたりを見回し、そして、収容所のゲートから外の世界へおずおずと第一歩を踏み出した。号令も響かない。鉄拳や足蹴りを恐れて身をちぢこませることもない。「自由になったのだ」と、私は何度も自分に言い聞かせた。

▽「最後のころの一日の食事は、日に一度あたえられる水としか言えないようなスープと、ちっぽけなパンに、マーガリンや粗悪なソーセージ、あるいは、チーズのかけら、代用蜂蜜などのおまけがついた。極寒の野外での重労働にはまったくたりないカロリーだった。皮下脂肪が消費つくされ、骸骨が皮をかぶったようなありさまで、仲間たちはばたばたと死んでいった」――収容所内では、食べることしか考えられないような、〈人間としての尊厳にふさわしくない状況〉がつづいていた。

▽「あらゆる精神的な問題は影をひそめ、あらゆる高次の関心は引っこんだ。精神の冬眠が収容所を支配したが、ふたつだけ例外があった。政治への関心は当然として、意外なことに、もうひとつは宗教への関心だった」――新入りの被収容者は、腹をすかせ、凍えながら、収容所の片隅で行われる、ささやかな祈りや礼拝に心を打たれずにはいられなかった。

▽「思いつくかぎりでもっとも悲惨な状況、できるのはただこの耐えがたい苦痛に耐えることしかない状況であっても、人は内に秘めた愛する人の面影を精神力で呼び出すことにより、満たされることができるのだ」――フランクルは妻の面影に思いをはせ、ほんのいっときにせよ、至福の境地を体験し、愛こそ人間の到達できる最高のものだと

実感した。

▽**「人間の命や人格の尊厳などを完全に無視し、人間を絶滅政策のたんなる対象とみなす周囲の雰囲気のなかでは、ついにはみずからの自我までが無価値なものに思えてくるのだ。強制収容所の人間は、みずから抵抗して自尊心をふるいたたせないかぎり、自分は主体性をもった人間なのだということを忘れてしまう」**――ナチス・ドイツをはじめ、すべての専制的権力の最大の目論見は、人間から自我や自尊心、主体性を奪うことである。

▽**「未来を、自分の未来をもはや信じることができなかった者は、収容所内で破綻した。そういう人は、未来とともに精神的なよりどころを失い、精神的に自分を見捨て、身体的にも精神的にも破綻していったのだ」**――ある日、被収容者が横たわったまま動こうとせず、着替えることも、洗面に行くことも、点呼場に出ることもしなくなる。自己破綻あるいは自己放棄の「発症」の徴候である。クリスマスに、かつてないほど大量の死者が出たことがあった。医師の見解によると、これは、労働条件や食糧事情、季節の変化のためではなく、クリスマスには家に帰れるという希望が失われたためだった、という。

編者からひとこと　霧の深い真夜中、ノックの音にドアをあけると、黒い制服姿の親衛隊員があらわれ、有無を言わせず家族全員を連行し、トラックに押し込め、いずこかへ運び去る。この歴史的事実を表現する言葉が、邦訳タイトルの「夜と霧」である。

[文献案内]　池田香代子訳（みすず書房）。

豹変自在の「ある政治的人間の肖像」

「ジョゼフ・フーシェ」

ツヴァイク

著者と作品紹介

オーストリアの小説家、シュテファン・ツヴァイク（一八八一―一九四二）は、歴史に大きな足跡を残した文学者、哲学者、科学者、政治家などの伝記を書いているが、その代表作のひとつが、「ある政治的人間の肖像」と云う副題のつけられた『ジョゼフ・フーシエ』（一九二九）である。フーシエは、フランス革命では穏健派から超急進派に鞍替えして、時流に乗り、ナポレオンが権力を握るや、その片腕となり、王政復古ではルイ十八世のもとで大臣を務めるという、豹変自在の人物だった。しかし、晩年には、そのマキアヴェリズムも力尽き、国外追放の身となった。ツヴァイクは、ナチスの支配する世界に絶望し、亡命先のブラジルで妻とともに服毒自殺した。

要約

つねに勝利者のもとにあること

一七九二年九月二十一日の朝、新たに選出された議員が議場にはいってきた。いまや国王に代わって、七百五十人の者が国を支配していた。フーシェはどこに坐るべきかについて長くはためらわなかった。彼が支持する政党はただひとつ、すなわち、多数党である。彼は冷静に座席の数を計算し、いま権力を握っているのは穏健派のジロンド党だということを見てとった。そこで彼はジロンド党の席に腰かけた。

彼ぐらい用心深い男も少ない。はじめの二、三か月の議事録には、フーシェの名はない。彼は状況をうかがっていたのだ。しかし、獄中に囚われていたルイ十六世を死刑にするかどうかをきめる、一七九三年一月十六日がやってきた。各代議員は議場で自分の考えを述べなければならない。フーシェは、国王のために助命を要求する立場にあった。友人にもそう断言していた。数学教師だったフーシェは投票を数えていた。彼は状況を即座に判断し、いつものように足音を立てない歩を演壇に運び、「死刑」と低くささやいた。

これが最初の公然たる豹変であった。彼にとって重要なことは、いつでもただひとつ、つねに勝利者のもとにあることであって、理想に殉ずるのではなく、時代と歩調を合わせることがすべてであった。

一夜にして穏健派から超急進派になったフーシェは、反革命の反乱の起こったリヨンに総督として派遣され、二千人の反革命主義者を処刑した。この大量処刑の弁明に失敗したフーシェは、不眠不休の画策で危うくギロチンを免れ、新しくできた総裁政府の警務大臣に任命された。警務大臣フーシェが最初に行ったのは、以前その総裁をつとめたこともあるジャコバン・クラブの閉鎖だった。これによって事実上フランス革命は終わったのである。

ついに権力の頂点に立つ

一七九九年、ナポレオンは、クーデターによってフランスの独裁者になったが、これは大いにフーシェの助力によるもので、その五年後、ナポレオンが皇帝になるや、フーシェはふたたび警務大臣に任命された。

フーシェは皇帝の秘密を何でも知っていた。ナポレオンが夜の十一時に情婦のところへ行き、その家に何時間いたかといったことを、翌朝には知っていた。ナポレオンはこの男をひどく嫌っていたが、自分の意中を電光石火のごとく読み取って、事を処理することにかけては、この男の右に出る者がいなかった。かつての共産主義者フーシェは、オトラント公爵と名乗ることを許され、長年の蓄財でフランス有数の大富豪にのしあがっていた。イギリスとの和睦を単独で画策したフーシェは、警務大臣を解任されたが、時は流れ、皇帝の座を追われたナポレオンが、幽閉されていたエルバ島から凱旋するや、ふたたび大臣となった。三回目の警務大臣である。ナポレオンは、油断のならないフーシェに見張り役をつけていたが、いまや時の支配者はナポレオンではなく、フーシェだった。

ワーテルローの戦いに敗れたナポレオンが退位するや、それを待っていたフーシェは、仮政府を組織し、その総裁の椅子に坐りこんでしまった。いまや邪魔者はいない。いまこそ彼は目的地に到達したのだ。オトラント公爵ジョゼフ・フーシェは五十六歳にして、ついに絶対独裁の権力の頂点に立っていた。顧みれば、四分の一世紀にわたって、何というはてしもない迷路をさまよって来たことであろうか。

革命時代の同志は、すべてあの世へ行ってしまって影も姿もない。ミラボーは死亡し、マラーは殺され、ロベスピエール、デムーラン、ダントンは断頭台の露と消えた。ひとり彼のみが、その執拗な策動と忍耐のおかげで、浮かび上がることができたのである。

読みどころと名言

▽「彼に会った者は、この男には熱い血がめぐってはいないのだ、という印象を受けた。実際、彼は我を忘れるような激しい情熱も知らないし、女にも賭博にも気を向けたことがなく、酒もたしなまないし、贅沢は嫌い、筋肉を動かしたこともない」——神学校の数学と物理の教師をしていたフーシェは、後に政治家として活躍するに当たって役立つこと、つまり、沈黙の技術、相手を見抜く眼力、冷静な態度などを学んだ。

▽「警務大臣になったフーシェは、数か月後には、フランス全土にスパイ網をつくりあげ、毎日何千通という報告書が彼の手元に届けられた」——エジプト遠征中のナポレオンがやがてフランスに帰国することを知っていたのは、革命政府のなかでフーシェひとりだけだった。遠征軍のなかにスパイを送り込んでいたからである。ナポレオンの妻ジヨゼフィーヌも、フランスの名だたる貴族やその夫人、イギリスに亡命中のルイ十八世の料理人も、彼のスパイだった。もはやテロではなく、諜報《ちょうほう》の時代だった。

▽「ナポレオンは手紙を読むや、即刻、スペインからフランスに帰国した。フーシェとタレーランが接近したという事実は、一回の敗戦よりもこわかったのだ」——外務大臣のタレーランとフーシェとは、ライバル同士だったが、スペインとの戦争にはともに反対していて、いつのまにか気脈を通ずるようになっていた。ふたりのマキアヴェリス

トを敵対させながら、それぞれの能力を活用したところに、ナポレオンのすぐれた手腕があった。

▽**「裏切るべき主人がいなくなった今、フーシェは自分自身を裏切るしかなかった。自分に委任された政府をブルボン家に売ってしまったのである」**――フーシェは自分を新しい政府の大臣にするという条件で、政府をルイ十八世に委任した。わずか五日間の「頂点」だった。約束どおり、またもや警務大臣になったが、王族は、現国王の兄、ルイ十六世の死刑に賛成した男を許すわけにはいかなかった。彼は、大臣を免ぜられ、国外に追放された。フーシェの本領は裏舞台にあって、表舞台で活躍する技量は欠けていたのである。

▽**「かつては全世界の半分を監視していた男が、いまでは逆に監視される身となった。彼の発明したあらゆる課報技術が、彼に向けて駆使されたのである」**――誰にも相手にされなくなったフーシェは、諸国放浪の末、港町トリエステで、六十一年の生涯を閉じた。

編者からひとこと　バルザック、ディケンズ、ドストエフスキー、トルストイ、ヘルダーリン、クライスト、ニーチェ、カザノヴァ、スタンダール、フロイト、エラスムス、マリー・アントワネット。ツヴァイクが伝記にとりあげた人物の一部である。いずれも一気に読ませる面白さがあるが、マリー・アントワネットとバルザックがとくに面白い。

［文献案内］高橋禎二ほか訳（岩波文庫）、吉田正己ほか訳（みすず書房）。

資本主義を育てた天職意識と禁欲主義

「プロテスタンティズムの倫理と資本主義の精神」

マックス・ヴェーバー

著者と作品紹介

ドイツの社会学者、マックス・ヴェーバー（一八六四—一九二〇）は、近代の西欧社会をつくりあげた原理と人びとの精神構造を、政治、経済、法律、宗教、芸術、社会生活など、広範な社会現象から解明することを試み、主著『プロテスタンティズムの倫理と資本主義の精神』（一九〇五）で、経済発展と宗教改革との関係、とくに、カトリック教徒が営利活動にたずさわることが少ないのにたいして、プロテスタントではその比率が高いのはなぜかという問題意識から出発して、プロテスタントの天職意識と禁欲主義が、営利の追求と密接に関係していることを明らかにした。将来、精神のない専門家が経済発展の担い手になるであろうと、彼は予言している。

要約

労働を天職とする新しい考え方が生まれる

さまざまな種類の信仰が混在している地方の職業統計から、近代の大商工企業における資本や経営にかかわりをもつプロテスタントの数が相対的にきわめて大きいという現象が見出される。同時に、カトリック信徒が資本主義的営利活動にたずさわることが少ないという事実がある。このように、強固な信仰と事業精神との結合が、プロテスタンティズムに見られることは周知の事実である。

ベンジャミン・フランクリンは、自分の資本を増加させることは各人の義務だと考えたが、このような資本主義の精神は、単に人間の貪欲さから生まれるものではなく、人間の宗教観あるいは倫理観に裏打ちされているのである。人は「生まれながらにして」できるだけ多くの貨幣を得ようと願うものではなく、むしろ、簡素に生活すること、つまり、習慣としてきた生活をつづけ、それに必要なものを手に入れることだけを願うにすぎない。

十四、五世紀のフィレンツェは、当時、資本主義的発達の世界的中心地であったが、そうした場所でも利潤の追求は道徳上危険と考えられていた。それなのに、フランクリンの活躍した十八世紀のペンシルヴァニアでは、利潤の追求が道徳上賞賛されたばかりではなく、義務と見なされるようになったのは、歴史的にどのように説明し得るだろうか。そこで登場するのが、宗教改革のリーダー、マルティン・ルターの「天職観念」である。カトリックでは、世俗をはなれて祈りに没頭する修道士の生活が最重視されたが、ルターは、世俗的な職業における義務の遂行を重視し、世俗的労働に宗教的意義を認め、そのような意味での「天職 Beruf」という概念を最初につくり出したのである。神によろこばれる生活を営むための手段はただひとつ、各人の生活にともなう世俗的義務を全うすることであって、これこそ神から与えられた「召命 Beruf」にほかならぬとルターは考えた。

禁欲主義が資本主義を促進した

宗教改革家のめざしたものは、人間の魂の救済であり、それ以外にはなかった。しかし、その結果は、彼らが予期しないもの、まったく意図しなかったものだった。

宗教改革家のひとり、カルヴァンは、誰が救済されるかは、神によってすでにきめられているという「予定説」を主張した。その信徒の胸には、私はいったい選ばれているのか、どうしたら自分が選ばれている確信が得られるのか、というような疑問が生じた。カルヴアン自身は、神の恩恵が人間のうちに生み出す堅忍不抜《けんにんふばつ》の信仰がそれを確証すると教えたが、カルヴァン派の信仰を受け継ぐピューリタンにとって、それだけでは不十分だった。自己確信を獲得するためのもっともすぐれた方法として、絶え間ない職業労働が推奨された。職業労働によってのみ、宗教上の疑惑は追放され、救われているとの確信が与えられる、つまり、労働は魂の救済に通ずる、というのである。

このような労働観とともに、資本主義の推進力となったのが、プロテスタンティズムのなかでもとくにピューリタニズムにみられる禁欲主義である。聖書には、人間は神の恩恵によって与えられた財貨の管理者にすぎないと記されている。その財貨の一部でも、人間が自分の享楽のために使うことは許されない。人間は委託された財産に義務を負っており、財産が大きければ大きいほど、神の栄光のために、それをどこまでも維持し、不断の労働によって増加させる責任もますます重くなる。こうした精神構造が禁欲的プロテスタンティズムにおいて、はじめて確固たる倫理観となったのである。

営利を天職と見なすことが近代の企業家の特徴となったのと同様に、労働を天職とすることが近代の労働者の特徴となったのである。

読みどころと名言

▽「貨幣の獲得を人間に義務づけられた自己目的、すなわち天職と見るような見解が、他のどのような時代の道徳感覚にも背反するものだということは、ほとんど証明を要しない。営利を自己目的とする行為は根本的には恥ずべきことであり、現存の社会秩序がただ止むなくそれを寛容しているにすぎないという感覚はけっして消失していなかった」――資本主義以前の人びとはこのような精神構造によって生活していた。長い人類の歴史のなかで、資本主義はつい最近の出来事なのである。

▽「天職 Beruf という言葉のもつ意味合いは、聖書の翻訳に由来しており、それも原文の精神ではなく、翻訳者の精神に由来している」――それまでは専門家しか読むことができなかった聖書を庶民の言葉にはじめて翻訳したルターは、仕事ないし職務を意味するヘブライ語(旧約聖書はヘブライ語、新約聖書はギリシア語で書かれている)を、Beruf と訳した。英語の calling と同義で、神からの呼びかけという意味合いが込められている。ここから、職業は神からの呼びかけに応える人間の行い、天職という観念が生まれた。

▽「ピューリタンは劇場を排斥し、また、愛欲的なものや裸体などをあらゆるところからいっさい閉め出した」――イギリスでは、十七世紀の前半、ピューリタン革命にともな

って、劇場が閉鎖されたことがあった。

▽**「厳格なカルヴィニズムが真に支配したのは七年間にすぎないオランダでも、真剣な信仰の持ち主たちは、巨大な富を手にしながら、一様にきわめて簡素な生活に甘んじて、度はずれた資本蓄積熱をもたらした」**――禁欲がどのようにして資本主義を促進したかについて、マックス・ヴェーバーはこんな言い方をしている。〈利得したものの消費的使用を阻止することは、まさしく、それの生産的利用を、つまりは投下資本としての使用を促さずにはいなかった〉と。こうして資本は雪ダルマのように大きくなっていく。

▽**「アメリカでは、営利活動は宗教的・倫理的な意味を取り去られて、今では純粋な競争の感情に結びつく傾向にあり、その結果、スポーツの性格をおびることさえ稀ではない。こうした文化の最後にあらわれるのは、精神のない専門家、心を失った享楽人であろう」**――マックス・ヴェーバーは、人びとをある活動にいざなう〈心理的起動力〉を重視する。ほぼ的中したこの予言は、われわれは何のために働いているのかという問いを投げかける。

編者からひとこと　マックス・ヴェーバーは『職業としての学問』で、情熱なしに行うことはすべて無価値である、と言っている。敬虔なプロテスタントである彼がこの論文に込めた情熱とは、信仰の薄い時代への痛烈な批判だったのではなかろうか。

〔文献案内〕大塚久雄訳（岩波文庫）。

現代の原点、イタリア・ルネサンスを分析

「イタリア・ルネサンスの文化」

ブルクハルト

著者と作品紹介

スイスの歴史家、ヤーコプ・ブルクハルト（一八一八―九七）は、文化史および美術史の創始者として知られ、代表作『イタリア・ルネサンスの文化』（一八六〇）は、十四世紀から十六世紀にかけてのイタリア・ルネサンスの時代に、どのような思想および芸術の革新運動が起こり、それによって社会と人間がどのように変わったかを分析した著作で、その記述は、国家や君主、戦争、芸術、文学、思想から、風俗や家庭生活、服装、社交、宗教など、広範囲に及ぶ。それらを通して著者は、生まれの違いより個性を重視する「個人」が発展し、また、風景美などを発見する人間の新しい感性が生まれたことを説く。イタリア・ルネサンスは現代の原点でもある。

要約

古代の復活

十四世紀以後、それまでヨーロッパをまとめていた教会のほかに、ひとつの新しい精神的媒体が成立して、それがイタリアからひろがり、教養のあるすべてのヨーロッパ人のための生活の雰囲気になるという全体的事件が起こっていた。その端緒となったのがギリシア・ローマの古代の「再生」（「ルネサンス」という語の本来の意味）である。イタリア人の生活のなかへ、生存の目標かつ理想として、古代が力強く食い込んできたのである。

イタリア人は、古代を賛美し、それを再現しようとした。古代が自分たちの昔の偉大さを思い起こさせるからである。ラテン語が容易に理解できること、記憶や記念物がまだ多数残っていることが、この発展を促進し、やがて、全ヨーロッパにとって、標準的な模範となる近代イタリア精神が生み出された。

ローマをはじめとしてイタリア各地で、古代の遺跡の発掘と保存がすすめられ、古代の書籍の収集と研究が行われるなどして、中世のかなたにある文化がしだいに明らかにされ、それが新しい文化の支えとなった。このイタリア固有の精神の王国におけるもっとも偉大な人物は、誰よりもまず、ダンテである。『神曲』のなかでダンテは、古代世界とキリスト世界をたえず並行させて扱っていて、古代を文化生活の前景にはじめて力強く押し出した人となった。ペトラルカは、古代をいわば身をもって代表し、ラテン語の詩のすべてのジャンルを模倣した詩人として名声を得ていた。人びとは、古代こそがイタリア国民の最高の名誉であるという確信より強い確信をもたなかったのである。

一般に教養の価値、とくに古代のそれへの欲求こそ、あらゆる欲求のなかの第一のものであると考えられ、とくにフィレンツェ人はそれに熱狂的に没頭し、多くの君主は、その時代とその国の教養の先頭に立たなければならないと信じた。

個人の発展

中世においては、意識の両面——外界に向かう面と人間自身の内部に向かう面——は、ひとつの共通のヴェールの下で夢みているか、なかば眠っている状態であった。そのヴェールのなかで人間は、自己を種族や国家、党派、家族として、一般的なもののかたちだけで認識していた。イタリアではじめてこのヴェールが吹き払われ、この世のあらゆる事物の客観的な考察が目覚める。それとともに、主観的なものも力いっぱいに立ちあがり、人間が精神的な個人となり、自己を個人として認識する。

十四世紀のイタリア人は、およそ誤った謙遜や偽善ということをあまり知らず、人目に立つこと、他人とちがっていることを恐れる人間はひとりもいない。人びとは、血統が人間の価値を決定するものではないことを確信していた。生まれの違いということが決定的な利点と考えられないようになればなるほど、個人そのものが自分のあらゆる長所を発揮するようにうながされた。このように個性の発揮と人格の完成への衝動から生み出されたのが、イタリアにだけあるあの「普遍的な人間」である。詩人であると同時に哲学者とも神学者とも呼ばれ、絵画や音楽にも才能のあったダンテや、「万能の天才」レオナルド・ダ・ヴィンチはその好例である。

イタリア・ルネサンスは、世界と人間の発見の時代であり、ジェノヴァ生まれのコロンブスは、遠い海洋に乗り出した多数のイタリア人のひとりにすぎない。イタリアは、ヨーロッパ最初の植物園を誇り、風景を美しいものとして知覚し、享受した近代の最初の国民はイタリア人である。ダンテは、眺望を楽しむために高い山に登った最初の人間である。

多くの面で、イタリア・ルネサンスは、われわれの時代の指導者と言うことができる。

読みどころと名言

▽「**追放ということが、人間を困憊《こんぱい》させてしまうか、さもなければ最高度に完成させることがある。才能ゆたかな亡命者たちのなかに発展した世界主義《コスモポリティズム》は、個人主義のひとつの最高段階である**」――フィレンツェから追放され、放浪生活のなかで『神曲』を書いたダンテは、〈私の故郷は世界である〉と言っている。ドイツから追放されたマルクスは、亡命先のイギリスで『資本論』を書いた。いずれも国と時代を超えた世界主義の産物である。

▽「**ローマの古代の遺跡は、廃墟と化していた。大理石はかんたんに焼いて石灰にされるという不幸な原料価値を持っていたからである**」――〈ローマの美は廃墟にある〉と言われるほど、その古代遺跡は破壊されていた。十五世紀になっても、この〈石灰焼き〉がつづいていたが、一方で、遺跡の保存活動も進められた。〈古代〉は目に見える形でイタリア人に再認識されたのである。

▽「**ラテン語は当時の学者にとって国際的な共通語であるにのみならず、イタリア国内の各地方の共通語でもあった**」――イタリア・ルネサンスは、小国に分裂していたイタリアを、文化の面で、そして、言語の面でも結束させる動きでもあった。その中心になったのがラテン語であるが、同時に、ダンテの『神曲』によって、統一的なイタリア

語が生まれることにもなった。民族や国家の統一のシンボルはまず何よりも言語である。

▽**「イタリア人は、全ヨーロッパ人のなかではじめて、歴史上の人物をその外面の様相と内面の特性について、正確に描写するという嗜好と天分をもった」**――イタリア・ルネサンスの時代、後世に多大な影響を与えた伝記や自伝が書かれている。たとえば、レオナルドやミケランジェロなどを含む多くの画家・彫刻家を網羅した、ヴァザーリの『美術家列伝』、ダンテがベアトリーチェとの出会いを記した『新生』、ブルクハルトが〈この世の終わりにいたるまで人間の興味をひくであろう〉と言っている、ベンヴェヌート・チェリーニの『自叙伝』、自分はいかさま賭博師だと告白する、医師カルダーノの『自叙伝』など。

▽**「イタリア国民は今も昔も見栄坊である。まじめな人たちも、なるべく美しい衣服、とくに自分を美しく見せる衣服を、人格形成の一要素に数えていた」**――自分を美しく着飾るのも、個性重視の一環である。イタリアほど服装に大きな価値がおかれた国はどこにもないと、ブルクハルトは言っている。これもルネサンスのひとつの産物なのであろうか。

（編者からひとこと）この時代に Renaissance というフランス語の名前を与えたのは、フランスの歴史家、ミシュレである。これにさまざまな面から内容を肉づけして、ルネサンスという概念をつくりあげたのは、ブルクハルトの功績である。

[文献案内]　柴田治三郎訳（中公文庫）。

「新大陸発見」の航海記録

「航海誌」

コロンブス

著者と作品紹介

イタリアの航海者、クリストファー・コロンブス（イタリア語ではコロンボ、スペイン語ではコロン。Columbus はラテン語の呼び名。一四五一―一五〇六）は、二十六歳のとき、ポルトガルのリスボンに渡り、航海術と天文学を学び、西へ航海すれば、金で屋根を葺いた宮殿のあるというシパンゴ（日本）へ到達できると確信し、スペイン女王イサベルの援助を得て、一四九二年八月、サンタ・マリア号、ニーニャ号、ピンタ号の三隻の船に約九十名の乗組員を乗せて出航し、西インド諸島に上陸した。いわゆる「新大陸発見」である。その航海日誌をもとにラス・カサス神父が要録したものがこの『航海誌』(一四九二―三)で、文中の「提督」はコロンブスを指す。

要約

出航から上陸まで

一四九二年八月三日、八時にパロス港から出帆した。陸からの強風を受けて、カナリア諸島への針路をとって、南西および南微西へ向かった。

九月六日、提督はイエロ島よりやってきた船の話で、ポルトガルの船が提督を捕らえようとしてそのあたりを航行していることを知った。これはおそらく、彼がスペインへ赴いたことをポルトガル王が妬んでのことであろう。その日は昼も夜も平穏な海を進む。

九月十六日、西へ向かい、昼夜にわたって航海をつづける。濃い緑色をした草の束が流れてくるのを見て、陸地からはがれてきたもののようだったので、誰も皆、どこかの島に近づいたものと考えた。提督は、「大陸はもっと先にある」と述べている。

九月十七日、海の水はカナリア諸島を出発したときよりも塩分が少なくなっており、空気もさわやかである。誰も彼も非常に陽気になって、船脚の速い船が陸地を真っ先に見つけようと先に立った。たくさんのイルカが姿を見せたので、乗組員がその一匹を打ち取った。

九月十九日、船にアルカトラス鳥が飛来する。この鳥は、普通陸地から二十レグア（一レグアは約六キロメートル）を離れることがない。また、風もないのに小雨が降ってきたが、これは陸地に近い確かな証拠である。

九月二十六日、陸地だと思ったものは、ただの雲だということがわかった。

十月十日、船員たちは辛抱しきれなくなり、長い船旅の不平を申し立てた。提督は、得られるであろう幾多の利得にたいする希望を抱かせて、彼らを元気づけた。インディアスへと出かけてきた以上、それを発見するまで航海をつづけねばならないと言った。

十月十一日、船脚のもっとも速いピンタ号が陸地を発見し、提督の命じていた合図を行った。翌日、その小島（現在のウオトリング島）に到着した。そこには裸の人間がいるのが見えたので、提督は武器を積んだボートに乗って、陸地に赴いた。上陸してみると、青々とした樹木が見え、水もふんだんにあり、いろんな種類の果物が実っていた。

黄金の国、シパングをめざして

十月十三日、以下は国王にあてた提督のそのままの言葉である。「夜が明けると、大勢の男たちが海辺にやってきました。皆、母親が彼らを産み落としたときと同じような状態

次航海で立ち寄ると、原住民の襲撃によって要塞は壊滅し、残留した者はひとりも残っていなかった。

▽**「提督が昼夜の長さを調べてみたところ、日の出から日没まで、二十砂時計時であった。一砂時計時を半時間として、十時間である」**――砂時計は当時の航海の必需品である。コロンブスは三十分用の砂時計をたくさんたずさえて、新大陸に向かった。船の見張りの当直は四時間交代で、その計測に、また、船の速度の測定にも砂時計が使われた。

▽**「万が一、この嵐で遭難しても、両陛下がこの航海の報告を受けられるようにと思って、一枚の羊皮紙に、発見したすべての事柄を詳細に記し、これを見つけたものは国王のもとに届けるように書き添えた。そして、これを蠟引《ろうび》きの布で包み、大きな木樽に入れ、海に投じた」**――サンタ・マリア号はエスパニョーラ島沖で座礁し、コロンブスはニーニャ号で帰途に就いた。途中、二度ほど激しい嵐に遭って、難破の危機にみまわれた。もしコロンブスが遭難していたら、その後の歴史もだいぶ変わっていたかもしれない。

編者からひとこと　コロンブスがあれほどシパングにこだわったのは、マルコ・ポーロの『東方見聞録』を読んで、家の屋根から床まで純金でできているというシパング島に魅せられたからである、と言われている。皮肉にも、最初にシパングに到達した西洋人は、コロンブスの計画に耳を傾けなかったポルトガル人だった。

[文献案内]　林屋永吉訳『コロンブス航海誌』(岩波文庫)。

英雄豪傑の大活躍

「三国志演義」

羅貫中《らかんちゆう》

著者と作品紹介

二世紀末の中国で、後漢王朝が「黄巾の乱《こうきんのらん》」によって衰亡して、群雄割拠《かっきょ》の時代となり、激しい権力闘争の末、曹操《そうそう》の支配する魏《ぎ》、孫権《そんけん》の呉《ご》、劉備《りゅうび》の蜀《しょく》の三国分立体制が成立し、三世紀末、晋《しん》によってふたたび統一された。この約百年間の歴史が記された晋の時代の歴史書、陳寿《ちんじゅ》『三国志』をもとに、さまざまな伝承をふまえ、それから約千年後に明《みん》の羅貫中（生没年不詳）が歴史物語として著したのが『三国志演義』（『三国演義』あるいは、単に

『三国志』ともいう。十四世紀中頃）である。多くの英雄豪傑が縦横無尽に力と知恵のかぎりを尽くして活躍するさまは、まさに歴史の脈動を感じさせ、同時に、歴史のなかで異彩を放つ個性ゆたかな人間を髣髴《ほうふつ》とさせる。

要約

桃園に宴して、三豪傑義を結ぶ

黄巾の乱討伐のための義兵募集の高札に応じて、ひとりの英雄があらわれた。この人、性温和で口数少なく、喜怒を色にあらわさず、身の丈七尺（後漢の一尺は二三・七五センチ）、両の耳は肩まで垂れ、手を伸ばせば膝下にとどく。漢皇室の流れを引き、姓は劉《りゅう》、名は備《び》、字《あざな》は玄徳《げんとく》。すでに二十八歳であった。彼は高札を読んでわれ知らず深い溜息を洩らした。

「男一匹、国のために働こうともしないで、溜息をつくとは何事だ」と、うしろから大声で言う者があった。振り返って見れば、身の丈八尺、豹のごとき頭にまんまるの目、虎のごとき鬚《あごひげ》をたくわえ、その声は万雷のごとく、その勢いは奔馬《ほんば》のよう。

「それがし、姓は張《ちょう》、名は飛《ひ》、字は翼徳《よくとく》。この地の住人で、つねづね天下の豪傑とまじわりをむすんでいるもの。あたりの若い者を募って、一旗あげようじゃないか」

玄徳は大いに喜び、村の酒屋に誘って酒をくみかわした。そこへ、ひとりの偉丈夫。身の丈九尺、髯《ほおひげ》の長さ二尺、太く濃い眉、人品衆にぬきんで、あたりに人なきがごとし。

「それがし、姓は関《かん》、名は羽《う》、字は雲長《うんちょう》。このたび当地で賊徒討伐の兵を募りおる由を聞き、加わらんものと参ったしだいでござる」

かく聞いて玄徳も己の志を打ち明ければ、雲長は大いに喜び、翌日、張飛の屋敷のうらの桃園で、三人は、玄徳を兄、関羽を次兄、張飛を弟として、兄弟の契りを結んだ。

日ならずして、黄巾の賊将、程遠志《ていえんし》、兵五万をひきいて侵すとの知らせに、玄徳ら三人、五百の兵をひきいてこれを迎え討った。雲長の薙刀《なぎなた》一閃、程遠志は真っ二つになっていた。賊兵ども、将を斬られてどっと崩れたつを、玄徳、手勢をはげましして追いたてれば、投降するもの数知れず、三人は大勝をはくして帰陣した。

関雲長、義によって曹操を釈《はな》つ

「赤壁《せきへき》の戦い」で呉軍に大敗した曹操《そうそう》にしたがって来るのはわずか三百騎あまり、それも満足な装束のものはひとりもいない。

「荊州《けいしゅう》に着いたら休ませるゆえ、それまで我慢いたせ」と、曹操が言って、数里も行かぬうち、彼は突然からからと笑った。

「丞相《じょうしょう》、また何をお笑いにござりますか」と、大将たちに尋ねられ、曹操は言った。

「人は皆、諸葛亮《しょかつりょう》の智謀を言うが、わしの見るところ、やはり能なしどもじゃ。もしここに一隊の伏兵を置けば、われらは皆、手を束ねて捕らえられるほかあるまい」

と、その声も終わらぬうち、左右から薙刀を持った兵士五百があらわれ、大将の関羽が大薙刀をひっさげ赤兎《せきと》馬にまたがって行く手をさえぎった。「もはやこれまで、一か八かぶつかるばかりじゃ」という曹操の言葉に、諸将のひとりが、「それがし、雲長をよう存じておりますが、彼は強きを挫いて弱きを助ける性格にて、恩義を忘れぬ男です。丞相には、先に彼に恩義をかけられ、いまそれを仰せられなば、この難も逃れようかと存じます」

雲長は義を重んずること山のごとき人であるから、曹操から受けたいくたの恩義を思い起こし、馬首を返すと、「散れ」と、手勢に命じた。曹操は、間髪を入れず、大将たちとともに一斉に駆けぬけた。

軍勢をひきいて戻ってきた関羽に、諸葛亮は、「雲長殿、曹操の昔日の恩義を感じて、わざと逃がしたのでござるな。軍律による処分を免れませぬぞ」と言うなり、引き出して首を討てと命じた。そのとき、劉備が、「昔、われら三人が兄弟の契りを結んだとき、生死をともにせんことを誓った。ここは罪を預けおき、後日の功をもって償わせることにしてくださらぬか」と言ったので、諸葛亮はようやく死罪を免じた。

読みどころと名言

▽「そなたは治世の能臣、乱世の姦雄《かんゆう》じゃ」――人を見ることで知られているという評判の人物に、曹操が〈私はどのような人間でしょうか〉と尋ねて返ってきた答えである。姦雄は奸知にたけた英雄のことで、まさに彼は機知に富み、人心をつかむ機微を心得た権謀術数家である。たとえば、喉の渇きに参っていた兵士に、〈この先に梅林があるぞ〉と、ありもせぬことを言って、渇きを忘れさせたりするといった機転がはたらく人物であった。

▽「この夜、張遼《ちょうりょう》は勝利を得て城に戻り、全軍をねぎらったが、鎧をとって寝ることは禁ずると触れまわした。〈勝って喜ばず、負けて憂えずというのが、大将たる者の心得だ。もし呉の勢が、わが方のすきをみて寄せて来たらどうする〉」――張遼は、曹操から信頼されている魏軍きっての名将である。はたしてその夜、呉軍が攻め寄せてきたが、張遼は軍勢を城内に引き入れて撃滅し、逆に呉の陣地まで攻め込んだ。

▽「趙雲《ちょううん》、大いに怒り、馬をおどらせ、槍を繰り出して一突きに敵将を討ち取り、雑兵を蹴散らして、山の麓に殺到、黄忠《こうちゅう》が取り囲まれているのを見るや、ひと声さけび、重囲におどりこみ、あたかも無人の境をゆくがごとし。上下におどる槍は、さながら梨の花の宙に舞うがごとく、きらきらと左右に輝いて、白雪の風にひるがえるかと見え

た」——趙雲は劉備につかえる〈五虎将軍《ごこ》〉のひとりである。華麗な戦闘場面の描写の一例である。

▽**「死せる諸葛、生ける仲達《ちゅうたつ》を走らす」**——諸葛亮(字は孔明)は、劉備の三顧の礼にこたえて軍師となり、その類まれなる知力と魔力によって蜀王朝樹立に貢献し、丞相として劉備の死後も後継者の劉禅を補佐した。諸葛は死にあたって、自分の死を伏せたまま、全軍撤退するように遺言した。魏軍の仲達は追撃したが、車上におかれた諸葛の木像を見て、彼がまだ生きていると思って逃げ去った。それほど諸葛の策略は恐れられていた。

▽**「八月一日、にわかに激しい風がおこって長江は大荒れに荒れ、平地でも八尺の洪水となった。呉主の陵《みささぎ》に植えられた松や柏も一本残らず根こそぎになって、城の南門外に飛来し、路上に根を天に向けて突き刺さった。驚いた孫権《そんけん》は、以来、病の床につき、身《み》罷《まか》った。位にあること二十四年、齢《よわい》七十一歳」**——孫権(字は仲謀《ちゅうぼう》)は呉を建てた名君で、曹操および劉備のライバルである。すでに彼らは約三十年前に没している。支配者の死と異常な自然現象とが関連づけられているところに、作者の世界観の一端がうかがえる。

(編者からひとこと) 『三国志演義』『水滸伝《すいこでん》』『金瓶梅《きんぺいばい》』『西遊記』を中国の四大奇書という。とくに前二著は日本人の教養の核をなす書である。最優先でおすすめしたい。

[文献案内] 小川環樹・金田純一郎訳『三国志』(岩波文庫)、立間祥介訳(平凡社)。

ペルシア軍のギリシア遠征と敗北

「歴史」

ヘロドトス

著者と作品紹介

古代ギリシアの歴史家、ヘロドトス（前四九〇頃―前四二五頃）は、南はナイル川の上流、現在のアスワン、北はクリミア半島からウクライナ南部、西はリビア、東はバビロンからスーサにいたる大旅行によって集めた情報と資料などをもとに、ペルシア帝国の成立から、紀元前五世紀はじめの、ペルシア軍のギリシア遠征と敗北を中心とする『歴史』（年代不明）を執筆した。関係する各国各民族の歴史とともに、地誌や風俗習慣、著者みずから取材した伝説や説話なども詳細に記され、興味深いエピソードも少なくない。ギリシア語の「ヒストリア（歴史）」はもともと「調査研究」という意味で、その実践者として、ヘロドトスは、「歴史の父」とも呼ばれている。

要約

クセルクセス王、ギリシア遠征を決意する

ペルシアのクセルクセス王は、側近のマルドニオスから常々こう具申されていた。

「殿、ペルシアにたいして数々の悪事をはたらいたアテナイが、その悪行の処罰を蒙《こうむ》らぬというのはよろしくありません。アテナイを征伐なさいませ」

みずからギリシアの総督になることを望んでいたマルドニオスは、さらに、ヨーロッパが世にも美しい、あらゆる種類の栽培樹を産し、地味のゆたかな国土であり、これほどの国土の所有者たるべき者は、この世にペルシア大王のほかにはない、と付け加えた。

遠征を決意したクセルクセスは、丸四年間を軍隊の徴集と物資の調達に費やし、大軍を率いて首都サルディスを出発した。陸上部隊は百七十万の歩兵部隊に八万の騎兵隊、水軍は三千隻の船に五十一万の兵士という、有史以来桁はずれに大規模な遠征軍だった。行軍を容易にするために、途中のアトス半島には運河が掘られ、アジアとヨーロッパを結ぶヘ

レスポントスにはつり橋がかけられた。ペルシア王の出征は、名目上はアテナイを討つことになっていたが、その実は、全ギリシアの征服をめざしていた。

ギリシアでは、アテナイをはじめとして、祖国の前途を憂い、愛国の念に燃える者たちが盟約を誓い合い、諸国間の紛争を解消し、ギリシア民族が団結し、一丸となって戦うことを決議し、ペルシアへむけて三人のスパイを放った。ペルシア軍の動静を探っていたスパイはやがて素性が発覚し、処刑寸前のところを、クセルクセスの面前に引き出された。王は、彼らに歩兵および騎兵の全部隊を見せ、それらを心ゆくまで見学させたうえ、どこなりと望むところへ無事に立ち去らせるよう命じた。

ペルシア軍の敗北

ギリシアに攻め入ったペルシア軍は、ヨーロッパで徴用した部隊を含め、総勢二百六十四万に達し、ほぼこれと同数の非戦闘員が同行し、合わせて総勢五百二十八万となっていた。これに対するギリシア軍はその十分の一にもおよばなかったが、戦意にかけてはけっしてひけをとらなかった。ギリシア軍の指揮に当たっていたスパルタのレオニダスは、ペルシア軍をテルモピュライに通ずる峠で迎え撃ち、その前進を阻んだ。しかし、ある者がペルシア軍に山中の間道の所在を教え、これを死守するギリシア軍は壊滅し、激戦のなかでレオニダスは倒れた。

とアキレウスの確執にはじまり、トロイア軍の総大将、ヘクトルの死で結ばれる。『イリアス』はイリオス（トロイアの別名）の歌という意味で、ここで活躍する神々や英雄の物語は、西洋文化に関する教養の基礎である。

要約

メネラオスとパリスの対決

両軍は、それぞれの大将の指揮のもとに戦列を整え終わると、トロイア勢は群がる鳥のごとく喧《かしま》しく叫びわめきつつ進み、ギリシア勢は戦意をみなぎらせ、粛々として進み、その間合いも狭まったとき、その姿、神にもまごうパリスが、豹の皮を肩にかけ、弓と剣を背に負って、トロイア軍の先頭にあらわれ、青銅の穂先のついた二振りの投げ槍を打ち揮いつつ、自分と一騎討ちの決闘を試みてみよと挑戦する。

このとき、メネラオスは、わが妻ヘレネを奪ったパリスの姿を目にするや、これぞ姦夫を懲らしめる好機とばかり、戦車から地上へ身を躍らせた。パリスはメネラオスを見るなり肝を冷やし、友軍のなかへ逃げ込んだ。その体たらくに、ヘクトルは嘲罵《ちょうば》を浴びせた。

「よくもそのような腰抜けが、大海を越え、すでに武門の家に嫁した美しい女を、はるかな異国から連れ帰ったものであったな。それがお前の父と祖国に禍をもたらしたのだ」

「ヘクトルよ、兄者《あにじゃ》のお叱りもまことにもっとも。どうしても彼と戦えというのであれば、ヘレネと全財産を賭けて戦わせてくれ。勝者が女と全財産を得て、引き上げればよい」

かくして、メネラオスとパリスの一騎討ちとなり、両軍は、苦難に満ちた戦いもここに終わるかと喜んだ。アトレウスの子メネラオスは、父なるゼウスに祈って、影長く曳く槍を後ろに引き構えて投げ、見事、パリスの楯に当てた。堅剛の槍は楯を貫き、豪華な細工を施した胸当までも通してまっすぐに進み、脇腹をかすめて肌着を切り裂いた。パリスは身を曲げて、からくも黒き死を逃れたが、さらばとメネラオスは、銀鋲打った太刀を抜き、兜を撃った。この時、女神アプロディテはパリスをさらって濃い霧で覆い、かぐわしく香を焚きこめた彼の寝所に置き、ヘレネを呼びに部屋を去った。

総大将アガメムノンは、一同に向かって言った。「メネラオスの勝利は明白である。おぬしらはヘレネをその財宝もろともに返還せよ」

アキレウス、ヘクトルを倒す

勇将アキレウスは、トロイア勢への怒りに燃えて、ヘパイストスが丹精込めてつくり上げた神授の武具を身につけ、右肩の上に見るも怖ろしいペリオン山のとねりこの槍を振りまわしながら、親友パトロクロスの命を奪ったヘクトルに近づいてきた。青銅の武具は、燃える火か昇る日輪の光のごとく、あたりに照りわたる。それを見るや、ヘクトルは震えにとりつかれ、もはやその場に留まる勇気も消え失せ、背後にある門をはなれて逃げにかかれば、ペレウスの子（アキレウス）は気合鋭く一直線に襲いかかる。

ふたりは、風に揺れる野無花果《いちじく》の樹を過ぎ、城壁から少しはなれた車道《くるまみち》をどこまでも走りつづけ、やがて清らかな水の湧き出る泉についた。その横をふたりの勇者は、ひとりは逃げ、ひとりはその後を追って駆け抜けてゆく。そのようにふたりは快足を飛ばしてプリアモスの町（トロイア）のまわりを三たびまわった。ふたりが四たび泉にさしかかったとき、ゼウスは、黄金の秤をひろげ、死の運命をふたつそれに載せ、秤の真ん中を持ち上げると、ヘクトルの運命の日が下に垂れて冥王《めいおう》の館のほうへ向いた。

アキレウスは、敵の身のどこに隙があるかと、その美しい肌を眺めていたが、鎖骨が頸と肩とを分かつところに、もっとも速く命を奪う急所である喉笛だけが顕《あらわ》れている。勇将アキレウスが、勢い込んで来る相手のその急所を槍で突くと、穂先は柔らかな頸をずぶりと貫いた。ヘクトルを死の終わりが包み、その魂はおのれの運命をかこちつつ、雄々しさと若さとを後に残し、四肢を抜け出して飛び去った。アキレウスは遺骸から青銅の槍を引き抜いて傍らに置くと、血塗《まみ》れの武具を肩から剝ぎ取った。

▽「アトレウスの子は、船脚速い船一艘を海におろさせて、漕ぎ手二十人を選び、一行の指揮をとるべく、智謀ゆたかなオデュッセウスも乗り込んだ」――ホメロス特有の表現として、〈誰々の子〉という言い方がある。〈アトレウスの子〉はアガメムノン、〈プリアモスの子〉はヘクトルを指す。また、〈智謀ゆたかなオデュッセウス〉のように、人物を形容する枕言葉も多用される。〈俊足のアキレウス〉〈弁舌さわやかなネストル〉のように。

▽「……穂先は見事にずぶりと刺さり、恥骨をくぐって膀胱を貫いた。相手は悲鳴をあげて膝から崩れ、死が彼を包んだ。……鋭い槍で首の項《うなじ》のあたりを突けば、穂先はぐさりと刺さって歯並みを貫き、舌の付け根を切り裂いた。その冷たい刃を噛んで彼は砂のなかに倒れ伏した」――『イリアス』は文字ではなく語り物として受け継がれた。語り手は、こんな戦闘の場面では、槍を突き刺す身振りなどを交えて語ったのであろう。

▽「〈人間というものは、定まった運命を逃れることはできぬ。さあ、そなたは家へ帰り、機を織るなり糸を紡ぐなり、自分の仕事に精を出せ。戦は男の仕事〉誉れも高きヘクトルがこう言って、馬毛の飾りのついた兜を取り上げると、妻のアンドロマケは大粒の涙をこぼしつつ、幾度も後ろを振り返りながら、家路についた」――『イリアス』の

なかでもとくに有名なヘクトルとアンドロマケの別れの場面である。
▽「**雷を楽しむ最高神、ゼウスは、オリュンポスのもっとも高き頂に神々を集め、一同に語りかける。〈いかなる者もわしの言うところに違《たが》う振舞いに出てはならぬ。もし、勝手にトロイア方あるいはギリシア方の加勢に向かおうとするなら、わしの雷撃を受け、世にも惨めな姿でオリュンポスへ戻ってくることになろう〉**」――神々も二手に分かれて、両軍を加勢していて、時には神々同士で戦うこともあった。主な英雄にはそれぞれ守護神がついていた。人間たちの戦いを、神々はゲームのように楽しんでいたのである。
▽「**ヘパイストスが太い杖をとって足を引きずりながら仕事場を出ると、生きた娘さながらに造られた黄金製の侍女たちが、主《あるじ》を両側から支えた。侍女たちの胸中には心が宿り、言葉も話し、力もあり、神々から教えられてさまざまな手業《てわざ》の心得もある**」――ロボットに関する最古の記述である。ヘパイストスは鍛冶の神、技術の神で、神々の住むオリュンポスの宮殿も彼の作品である。彼はロボットもつくっていた、それも、心をもつロボットを。

編者からひとこと　兵士の潜む木馬の策略によってトロイアが落城した経過についてはウェルギリウス『アエネイス』に、また、戦後、オデュッセウスが十年かかって帰国した物語については『オデュッセイア』に記されている。いずれも興味尽きない古典である。

[文献案内]　松平千秋訳（岩波文庫）。

西洋の思想や文学、慣習の理解に不可欠

「聖書」

著者と作品紹介

「聖書」は、紀元前一千年ごろから紀元後百数十年にいたる、千年以上の年月のあいだに多くの人によって書かれ、伝えられた、ユダヤ教およびキリスト教の経典であるが、宗教を超えて人類の歴史、社会、文化、思想に大きな影響を与えた世界の古典である。旧約聖書と新約聖書からなり、前者は『創世記』『出エジプト記』『イザヤ書』など三十九の文書で構成され、天地創造からイスラエル民族のパレスティナ定住とその後の歴史、預言者の活動などが、後者は『マタイによる福音書』『使徒言行録』など二十七の文書で構成され、イエス・キリストの生涯と教え、弟子たちの伝道などが記されている。聖書の知識は、西洋の思想や文学、慣習の理解に不可欠である。

要約

アダムとエバ

主なる神は、土（アダマ）の塵で人（アダム）を形づくり、その鼻に命の息を吹き入れられた。人はこうして生きる者となり、主なる神は東の方のエデンに園を設け、人をそこに置かれた。園の中央には、命の木と善悪の木を生えいでさせられ、人に命じて言われた。「園のすべての木からとって食べなさい。ただし、善悪の知識の木からは、決して食べてはならない。食べると必ず死んでしまう」

主なる神は言われた。「人が独りでいるのは良くない。彼に合う助ける者を造ろう」主なる神は、人を深い眠りに落とされ、あばら骨の一部を抜き取り、女を造り上げられた。人と女は二人とも裸であったが、恥ずかしがりはしなかった。

野の生き物のうちで、最も賢い蛇が女に言った。「園の中央に生えている木の果実を食べても決して死ぬようなことはない。それを食べると、目が開け、神のように善悪を知るものとなることを神はご存知なのだ」

その木はいかにもおいしそうで、目を引き付け、賢くなるように唆していた。女は実をとって食べ、男にも渡したので、彼も食べた。二人の目は開け、自分たちが裸であることを知り、二人はいちじくの葉をつづり合わせ、腰を覆うものとした。

アダムは女をエバ（命）と名づけた。彼女がすべて命あるものの母となったからである。主なる神は、アダムとエバに皮の衣をつくって着せられた。

「人は善悪を知るものとなった。今は、手を伸ばして命の木からもとって食べ、永遠に生きる者となるおそれがある」

主なる神はアダムをエデンの園から追放し、命の木に至る道を守るために、エデンの東にケルビムと、きらめく剣の炎を置かれた。（『創世記』二、三章）

イエスの山上の説教

イエスは群衆を見て、山に登られた。腰をおろされると、弟子たちも近くに寄って来た。そこで、イエスは口を開き、教えられた。

「心の貧しい人々は幸いである。天の国はその人たちのものである。悲しむ人々は幸いである。その人たちは慰められる。柔和な人々は幸いである。その人たちは地を受け継ぐ。義に飢え渇く人々は幸いである。その人たちは満たされる。憐れみ深い人々は幸いである。

は憐れみを受ける。心の清い人々は幸いである。その人たちは神を見る」

たがたも聞いているとおり、『目には目を、歯に歯を』と命じられている。しかし、わたしは言っておく。悪人に手向かってはならない。誰かがあなたの右の頬を打つなら、左の頬をも向けなさい」

「敵を愛し、自分を迫害する者のために祈りなさい。あなたがたの天の父の子となるためである。父は悪人にも善人にも太陽を昇らせ、正しい者にも正しくない者にも雨を降らせてくださるからである」

「自分の命のことで何を食べようか何を飲もうかと、また自分の体のことで何を着ようかと思い悩むな。あなたがたのうち誰か、思い悩んだからといって、寿命をわずかでも延ばすことができようか。だから、明日のことまで思い悩むな。明日のことは明日自らが思い悩む。その日の苦労は、その日だけで十分である」

「求めなさい。そうすれば、与えられる。探しなさい。そうすれば、見つかる。門をたたきなさい。そうすれば、開かれる。誰でも、求める者は受け、探す者は見つけ、門をたたく者には開かれる」

（『マタイによる福音書』五、六、七章）

読みどころと名言

▽「主は、地上に人の悪が増し、常に悪いことばかりを心に思い計っているのをご覧になって、地上に人を造ったことを後悔し、心を痛められた。〈わたしは人を創造したが、これを地上からぬぐい去ろう。人だけでなく、家畜も這うものも空の鳥も〉しかし、ノアは主の好意を得た」（『創世記』六～八章）——神に従う無垢な人、ノアは、神の言葉に従って、大きな箱舟をつくり、家族と動物とともにそのなかに入り、ほかのすべての生き物を絶滅させた大洪水を生き延び、新しい人類の祖先となった。人類の〈新規蒔き直し〉である。

▽「神はモーセに告げられた。あなたには、わたしをおいてほかに神があってはならない。あなたはいかなる像も造ってはならない。あなたの神、主の名をみだりに唱えてはならない。安息日にはいかなる仕事もしてはならない。父母を敬え。殺してはならない。姦淫してはならない。盗んではならない。隣人に関して偽証してはならない。隣人のものを一切欲してはならない」（『出エジプト記』二十章）——イスラエルの民をエジプトから脱出させ、シナイ山で神との契約を行ったモーセに告げられた十戒（十の掟）である。

▽「死の陰の谷を行くときも、わたしは災いを恐れない。あなたがわたしと共にいてくださる。あなたの鞭、あなたの杖、それがわたしを力づける」（『詩篇』二十三編）——神

を讃えた百五十篇からなる『詩篇』のなかでもよく知られた一編である。

▽**「律法学者たちが姦通の現場で捕らえられた女を連れてきて、イエスに言った。〈こういう女は石で打ち殺せと、モーセは命じています。あなたはどうお考えになりますか〉イエスを試して、訴える口実を得るためにこう言ったのである。イエスは言われた。〈あなたたちのなかで罪を犯したことのない者が、まず、この女に石を投げなさい〉これを聞いたものは、年長者からはじまって、みな立ち去った」**（『ヨハネによる福音書』八章）——年長者が最初に立ち去ったのは、年長者ほど、罪を犯す機会が多かったからである。

▽**「イエスは再び大声で叫び、息を引き取られた。そのとき、神殿の垂れ幕が上から下まで真っ二つに裂け、地震が起こり、岩が裂け、墓が開いて、眠りについていた多くの聖なる者たちの体が生き返った。百人隊長や一緒にイエスの見張りをしていた人たちは、地震やいろいろの出来事を見て、非常に恐れ、〈本当に、この人は神の子だった〉と言った」**（『マタイによる福音書』二十七章）——イエスの死は、人びとの罪をあがなうためであったとされる。その三日後、イエスは弟子たちの前に復活した。そこから「復活祭」が生まれた。

（編者からひとこと）聖書を題材にした映画は、『十戒』『エデンの東』『サムソンとデリラ』などたくさんあるが、とくにお勧めしたいのは三時間半を超える超大作『ベン・ハー』。

[文献案内]『新共同訳・聖書』（日本聖書協会）。ほかにも多くの翻訳がある。

5 自然を知るために

DNAの構造およびメカニズムの発見

「二重らせん」

ワトソン

著者と作品紹介

アメリカの分子生物学者、ジェイムズ・D・ワトソン（一九二八—）は、はじめシカゴ大学とインディアナ大学で鳥類学を研究していたが、のちに遺伝学に関心を持つようになり、二十三歳のとき、イギリスのケンブリッジ大学キャベンディッシュ研究所で、遺伝子を構成するデオキシリボ核酸（DNA）について研究を行った。試行錯誤の末、約一年半後、DNAの構造および遺伝情報複製のメカニズムを発見し、一九六二年、共同研究者のフランシス・クリック、モーリス・ウィルキンズとともに、ノーベル生理学・医学賞を受賞した。二十世紀最大の生物学史上の成果と言われるこの発見の経過が、『二重らせん』（一九六八）に個人的な経験を交えて記されている。

要約

遺伝子の実体を知りたい

一九五一年の秋、私はタンパク質の三次元構造を研究している物理学者と化学者の小グループに参加するために、ケンブリッジ大学のキャベンディッシュ研究所へやって来た。DNAにたいする私の関心は、大学の最上級生のときに芽生えた、遺伝子の実体を知りたいという願望から大きく育ったもので、当時、私はDNAのとりこになっていた。

生命とは何であるかを知るには、遺伝子がどのようにはたらくかを知らねばならないが、その実体は不明だった。ある細菌学者は、DNA分子がある細菌の遺伝形質を他の細菌に伝え得ることを示した。これは、遺伝子はすべてDNAでできていることが明らかにされるかもしれないことを意味していた。もしそうなら、タンパク質ではなくDNAこそ、生命の真の謎を解くカギとなる。しかし、DNAもその一種類である核酸（細胞の核に含まれる化合物）については、ヌクレオチドというより小さな化合物で組み立てられた非常に大きな分子であること以外は、ほとんど何ひとつ知られていなかった。

キャベンディッシュ研究所で、フランシス・クリックという、タンパク質よりDNAのほうが重要なことを知っている人物に会えたのは、まったく幸運だった。と言っても、研究所の目下の中心テーマはタンパク質の分野であって、DNAの研究は所長には内緒だった。そのころ、イギリスにおけるDNAの研究は、ロンドンのキングス・カレッジにいたモーリス・ウィルキンズの私有物のおもむきがあって、彼はすでに数年来、X線写真を使って研究をしていた。私たちがとくに注目したのは、アメリカの物理化学者ポーリングが、タンパク質のらせん構造の一部を解明したというニュースだった。その際、決め手となったのは、どの分子とどの分子がお互いに隣り合うかを調べることで、そのために子供の玩具そっくりの分子模型が使われたのだった。

四つの塩基の謎

われわれがポーリングと同じやり方でDNAの構造を解けない理由は何もなかった。われわれがすべきことは、一組の分子模型を組み立て、あれこれといじりまわすことである。運がよければ、DNAの構造もやはり、らせんであろう。われわれの推理は、答えは単純なものにちがいないという考え方にもとづいていた。DNAは燐酸と塩基と糖からなっているが、重要なはたらきをするのは塩基で、これには、アデニン（A）、チミン（T）、グ

（G）、シトシン（C）の四種類がある。問題はこれらの塩基がどのように組み合されているかということである。

研究をはじめた翌年の夏、ウィルキンズの助手のロザリンド・フランクリンの撮影したDNAのX線写真を目にして、私は胸が早鐘のように高鳴るのを覚えた。そこには、らせん構造からしか生じ得ない黒い十字の反射が映されていた。このらせん内部に四種類の塩基を規則的に詰め込むには、どのような構造であるべきかが問題である。ウィルキンズは二本鎖のらせんを考えていたが、私は二本鎖で模型を組み立ててみようときめた。クリックも賛成してくれるにちがいない。いくら彼が物理学者だといっても、生物学上重要な物質は対になっていることくらいはわかっているだろう。

考えられるさまざまな組み合わせを検討するうち、AとT、GとCがそれぞれ水素結合で連結された形がまったく同一であることに気づいた。Aは必ずTと対になり、GとCも同様である。したがって、一本の鎖の塩基の並び方がきまれば、その相手は自動的にきまり、遺伝情報が複製される。このDNAの「相補的二重らせん構造」に関する九百語の論文を書き上げ、一九五三年四月二日、『ネイチュア』誌の編集部あてに送付した。

▽「**研究所の所長から、クリックと私に、DNAのことはあきらめるようにという決定がつたえられた**」――内緒の研究も所内に知れ渡り、見るべき成果も挙げていないところから禁止令が出された。しかし、ふたりはそれを無視して研究をつづけていた。ワトソンは、インディアナ大学の特別研究生として、細胞生理学を研究するということでヨーロッパに派遣されたが、それに従わなかったため、給付金を停止されていた。

▽「**ウィルキンズは、私がDNAに夢中になることもなかろうと、安心していたにちがいない**」――ウィルキンズは、ワトソンとクリックがDNAの研究をしていることを知っていたが、所長の禁止令以後、ワトソンはタバコモザイクウィルスの研究に専念しているものと思っていた。二重らせん構造のアイデアそのものは、ワトソンとクリックのものであるが、ウィルキンズの研究から重要なヒントを得ていることが『ネイチュア』(重要な科学論文が発表されるイギリスの専門誌)に提出された論文に明記されている。

▽「**私は、キャベンディッシュ研究所の機械製作工に塩基の模型の作製を依頼するつもりだと、所長のブラッグ卿に言って口を閉じ、所長の決断を待った。結局、ブラッグ卿は少しも反対しなかったばかりか、模型組み立ての仕事を成功させるようにと激励しくれたので、私はほっと安堵の胸をなでおろした**」――大学には専門の機械製作工が

いて、重要な役割を果たしていた。ジェイムズ・ワットもグラスゴー大学で機械製作工をしていて、ニューコメン機関の修理がきっかけになって、新しい蒸気機関を発明した。

▽**「夜はたいてい映画を見て過ごしたが、そのときも、いつか突然、正解をおもいつかないかと、ぼんやりと夢想していることが多かった」**――ニュートンは万有引力発見の秘訣をきかれて、いつも問題を考えていることです、と答えたという。この点では、ワトソンも同じだったようだ。彼の頭のなかはいつもDNAのことでいっぱいだった。

▽**「ポーリングはわれわれのつくったDNAの模型を見て、とても奥床しく、あなたがたは正解をつかみましたね、と言った」**――ワトソンらにとって最大のライバルであるポーリングが、三本鎖のらせん構造を発表したことがあった。ワトソンは即座にそれが誤っていることに気づいたが、正解を発見するのは時間の問題と思われた。レースに敗れたポーリングは、一九五四年に化学結合の本質に関する研究でノーベル化学賞を受賞している。

(編者からひとこと) クリックもウィルキンズも同じ一九一六年に生まれ、同じ二〇〇四年に亡くなっている。ワトソンは、その後、DNAとともに遺伝子を構成するRNA（リボ核酸）の研究を行い、人間の遺伝情報を解明する「ヒトゲノム解析計画」を推進した。

［文献案内］江上不二夫・中村桂子訳（講談社文庫）。

農薬・殺虫剤による自然破壊を告発

「沈黙の春」

カーソン

著者と作品紹介

アメリカの海洋生物学者で女性作家のレイチェル・カーソン（一九〇七―六四）は、大学で文学を学んだが、生物学に関心を持つようになり、ジョン・ホプキンズ大学大学院で動物発生学と海洋生物学を研究した。学位取得後、大学講師などを経て、合衆国漁業局に勤め、そのかたわら海洋生物に関する著作を発表し、『われらをめぐる海』（一九五一）は全米図書賞を受賞し、ベストセラーになった。『沈黙の春』（一九六二）は、農薬や殺虫剤などの化学物質によっていかに自然環境が破壊され、動物や人間にはかり知れない害毒がもたらされるかを、豊富な実例と科学的背景をもとに明らかにし、世界各国で公害問題やエコロジー運動に大きな影響を与えた。

要約

化学薬品の呪縛のもとで

人類の歴史がはじまって以来、いままで誰も経験しなかった宿命を、私たちは背負わされている。いまや人間という人間は、母の胎内に宿ったときから年老いて死ぬまで、おそろしい化学薬品の呪縛のもとにある。だが、考えてみれば、化学薬品が使われ出してから、まだ二十年にもならない。それなのに、合成殺虫剤は生物界、無生物界を問わず、いたるところに進出し、いまでは化学薬品に汚れていないもの、汚れていないところなど、ほとんどない。地底を流れる地下水までも汚染している。

人里はなれた山奥の湖水の魚、地中にもぐり込んでいるミミズ、鳥の卵、そして、ほかならぬ人間のからだのなかにも、化学薬品が蓄積されている。

なぜこんなことになったのか。合成化学薬品工業が急速に発展してきたためである。それは第二次世界大戦のおとし子だった。化学兵器の研究を進めているうちに、殺虫力のある化学薬品がいろいろ見つかった。と言っても、偶然わかったわけではない。もともと人間を殺そうと、いろいろな昆虫が実験台に使われたためだった。こうして生まれたのが合成殺虫剤で、戦争は終わったが、次つぎと新しい薬品がつくり出されてきた。

戦前の単純な無機系の殺虫剤は、砒素《ひそ》や銅、鉛など自然界に存在する無機物や植物からつくられるが、新しく登場した合成殺虫剤がこれらと異なるのは、生物学的にきわめて大きな影響を及ぼす点にある。ただ毒があるというのではなく、からだのうちでも直接に生命と関係のある部分にはいっていき、時には死にいたらしめる変化をまき起こすのである。たとえば、毒からからだを守る機能のある酵素が破壊され、いろいろな器官がいためつけられ、やがて悪性の腫瘍にむしばまれてゆく。

春が来ても、鳥は鳴かず

アメリカの春はコマドリといっしょにくる。コマドリの訪れが新聞紙面を飾り、家庭の朝食の話題にもなる。でも、いまはすべてが変わった。

コマドリやそのほかのいろいろな鳥の未来は、アメリカのニレの木の運命と結びついている。ニレを枯らすオランダニレ病を伝播するニレノキクイムシが、ヨーロッパからアメリカにはいってきたのは一九三〇年ごろで、ベニヤ板をつくるために、ニレの木の丸太を輸入したとき、ついてきたのだった。この伝播昆虫を退治するために、町から町、村から村へと繰り返し殺虫剤が散布された。

ミシガン州立大学では、一九五四年に最初の散布が行われ、翌年、渡り鳥のコマドリが帰ってきたが、大学の構内には死んだコマドリ、死にそうになったコマドリの姿が見られるようになった。いろいろなことから推測してみると、コマドリはじかに殺虫剤に当たって中毒するよりも、むしろ間接的に、ミミズを食べて中毒するらしい。大学構内のミミズを実験用のザリガニに与えたことがあったが、あっというまにザリガニ全部が死んだ。

秋になるとニレの葉が落ちる。ミミズにとってニレの落葉は大好物で、葉といっしょに殺虫剤もミミズの体内にはいり、蓄積され、濃縮されてゆく。そして、春になると、コマドリがきて、ニレの木―ニレノキクイムシ―ミミズ―コマドリという連鎖の輪が完全につながる。大きなミミズ十一匹にはコマドリ一羽を殺すだけの分量が含有されている。コマドリは十分ほどでそれくらいたいらげてしまう。

もちろん、毒にあわないコマドリもいるが、確実に彼ら一族を死に追いやる原因がほかにもある。不妊である。コマドリの生殖能力そのものが破壊されるのである。それは、鳥ばかりでなく、化学薬品のとどく範囲のありとあらゆる生物に及ぼうとしている。

▽「非常に毒性の強い殺虫剤、エンドリンをゴキブリ退治のために部屋に散布し、床をよく洗ってから、一歳の幼児と子犬を家のなかに入れたところ、犬はひきつけを起こして死に、赤ん坊は意識を失うという出来事があった」――ヴェネズエラに移住したアメリカ人夫婦に起こった悲劇である。エンドリンは、日本では一九七一年に使用禁止になったが、いまでもキュウリなどの野菜から残留農薬として検出されている。長期間、土壌に残って消えないからである。この幼児は、耳と目の機能を失ったという。

▽「フロリダ州のタンパ湾で、蚊を絶滅しようと殺虫剤の散布が行われた。その結果、魚とカニ類、シオマネキが犠牲になった。シオマネキが十万匹あまりも群れをなしていたはずなのに、浜辺には百匹も見つからなかった」――シオマネキは、生態学上、重要な生物で、腐肉を食ってあたりをきれいにしたり、泥を掘り返して空気にさらし、悪臭を消す役目も果たしている。いわば海辺の掃除係である。漁師が魚を取るときの餌にもなる。

▽「化学薬品にも放射能と同じ力が潜むことを知る人がどれほどいるだろうか。地上にまきちらされた化学薬品は、放射能と同じようにいつまでも消え去らず、やがて生物の体内にはいって、中毒と死の連鎖を引き起こしてゆく」――アメリカの動物学者、マラーが一九二七年に、生物に放射線を照射すると、次の世代で突然変異が起こる事実を

ンは、何世代にもわたってＤＤＴの散布をうけた蚊が雌雄同体の蚊発見という現象を報告している。現在は、化学物質による「環境ホルモン」が大きな問題になっている。

▽**「一九四八年、化学薬品クロールデンが発見されて使用されたが、二年後には、これに抵抗性のあるハエが発生した。一九五六年には、ＤＤＴに耐性を持った蚊はわずか五種類にすぎなかったが、一九六〇年には、何と二十八種類にもなった」**——昆虫が化学薬品に抵抗力を持つようになるのなら、人間も同じようにならないものだろうか。昆虫が二、三年で耐性を持つようになるのは、一年に何回も発生を繰り返すからである。人間の場合、それには何百年、何千年の時間が必要である。それまでに人類は滅亡してしまうかもしれない。

▽**「殺虫剤を使った化学的防除法にかわるものとして、生物の営みを利用した生物学的防除法がある」**——たとえば、天敵による害虫の駆除である。日本から輸入されたスズメバチは、アメリカ東部のリンゴ園をあらす害虫を完全に退治した。害虫の不妊化や、微生物による防除など、化学薬品を使わない、人畜に無害な方法をカーソンは提唱する。

編者からひとこと　この本で槍玉にあげられているパラチオンはアメリカで、ＤＤＴは東南アジアなどでいまだに使用されている。地球規模で進む汚染からは誰も逃れられない。

［文献案内］青樹簗一訳（新潮文庫）。

「パラダイム」によって科学革命を分析

「科学革命の構造」

クーン

著者と作品紹介

アメリカの科学史家、トーマス・クーン（一九二二―九六）は、「パラダイム」という概念によって科学革命を分析したことで知られている。パラダイムとは、ある時代のある分野の大多数の学者に受け容れられている理論や方法、問題意識などの体系のことで、たとえば天動説や地動説などがこれにあたる。クーンはパラダイムに支えられた科学を「通常科学」と呼び、通常科学では説明のつかない異常な現象が発見されたとき、科学革命が生まれ、新しいパラダイムが定着することを解明した。たとえば、天動説から地動説への転換である。『科学革命の構造』(一九六二)は、さまざまな体制の変換に関連して、科学史のみならず思想界全般に大きな影響を与えた。

要約

予期せぬ出来事に直面して

通常科学の枠のなかでは予期されないような出来事、あるいは、解釈できないような現象に直面したとき、科学者はどのように反応するだろうか。科学者にかぎらず、一般に、変則的な出来事への対応に関して示唆に富む実験がある。心理学者のブルーナーとポストマンの行った「変則トランプ」の実験である。

彼らは、被実験者にトランプのカードをちょっと見せて、それを当てさせた。そのトランプは大部分は普通のカードだが、少しだけ変わったものを混ぜておいた。たとえば、スペードの赤の六、ハートの黒の四という具合である。実験では、カードを一枚ずつ見せて、被実験者に何を見たかを訊ねた。ほんのちょっと見せるだけでも、たいていの人は正しく答えることができたが、変則的なカードも、ほとんど何の躊躇《ちゅうちょ》もなく普通のカードと見なされた。たとえば、ハートの黒の四にたいして、スペードの四かハートの四という返事が返ってきた。おかしな点があるのに気づかなければ、これまで経験で用いられた概念のカテゴリーにすぐ当てはめられた。しかし、変則的なカードを多く見せていくにつれて、被実験者はためらいはじめ、変則性に気づきはじめた。そして、ついにある時点で、たいていの人はためらいなく正しく言い当てることができるようになった。ところが、自分のカテゴリーを修正できない人が何人かいた。なかには、「なんだか知らないけれど、うまくやれない。もうトランプなんて見るのもいやになった。スペードってどんな形をしていたかさえ、怪しくなった」と、悲鳴をあげる者もいた。

変則的な出来事に直面した科学者にも、これと同じようなことが見られる。理論の矛盾に気づいた科学者がまずやることは、辻褄を合わせることである。いずれは解決されるだろうと問題を保留し、理論そのものが根本的に誤っているとは考えようとしない。

新しいパラダイムの出現

パラダイムの変更のとくに有名なケースとして、コペルニクスの地動説がある。紀元前二世紀から紀元後二世紀までのあいだに発展した、プトレマイオスの体系（地球は宇宙の中心に静止し、天体がその周囲を運行しているという天動説）は、恒星や惑星の位置の変化の予測を実にうまく行っていた。古代の体系で、これほどうまくいくものはほかにはなかった。恒星にたいしては、プトレマイオスの天文学は、今でもなお実用に耐えるものである。

しかし、惑星の位置や春分点の歳差《さいさ》（地球自転軸の方向の変化によって春分点が変化すること）に関しては、プトレマイオス体系で行った予測は、当時（十五、六世紀）の最良の観測値とはうまく合わなかった。それらの食い違いをできるだけ少なくすることが、プトレマイオスの後継者たる天文学者たちの通常の仕事だったのである。ところが時がたつにつれて、天文学者たちの通常科学的研究の努力の結果として、天文学はおそろしく複雑になり、一方を直せば他方に食い違いが出るという有様になっていた。

十六世紀のはじめには、多くの天文学者たちが、プトレマイオス体系は昔からある問題にさえうまく当てはまらなくなってきたことを認識するにいたった。その認識が、コペルニクスをしてプトレマイオスのパラダイムを捨てさせ、新しいパラダイムを求めさせる前提となったのである。しかし、コペルニクス説も、その死後一世紀あまりのあいだ、多くの賛同者をかち得なかった。新しいパラダイムが受け容れられたのは、金星の満ち欠けが観測されるようになってからだった。

化学や物理学などの分野でも同じような経過をたどって科学革命が起こり、このようなパラダイムの変更を通して、科学は進歩するのである。

読みどころと名言

▽「フランスの化学者、ラヴォアジェの燃焼の理論は化学の再構成の鍵となるもので、普通、化学革命と呼ばれている。そのきっかけは、従来のフロギストン説にはどこか欠陥があると考え、燃焼する物体が大気の一部を吸収することを確認したことにある」――ラヴォアジエが活躍した十八世紀の後半、燃焼は物質に含まれるフロギストン（燃素）と呼ばれるものが放出される現象と考えられていた。彼は酸素の命名者で、「質量保存の法則」も発見している。〈何かおかしい〉という感じが革命の発端だった。

▽「パラダイムの変更に導く発見のなかには、偶然によるものもあり、その古典的例が、X線である。物理学者のレントゲンは、シアン化バリウムのスクリーンが、陰極管には覆いがかけられていたにもかかわらず、陰極管からの放電によって光ることを発見した」――レントゲンは、この未知の放射線をX線と名づけ、これが、ベクレルによるウラン放射能やキュリー夫妻によるラジウムの発見、さらには、現代の原子核物理学へとつながっていった。レントゲンはこの発見によって、一九〇一年に第一回ノーベル物理学賞を受賞した。

▽「ウィリアム・ハーシェルの天王星の発見は、変則とトランプ実験によく似た例である。当時の天文学者は、天王星の占めていた位置に星を認めていた。しかし、それが動く

ことに気づかなかった。一七八一年、ハーシェルは、恒星にはありえない円盤状の、動く天体を発見し、報告した。その後、数多くの小惑星が発見された」——視覚の転換によって、それまで見えなかったものが見えるようになったのである。

▽**「新しいパラダイムを発見した人は、ほとんど、非常に若いか、パラダイムの変更を促す分野にあたらしく参入した新人かの、どちらかである」**——ニュートンは万有引力の法則を二十三歳で、アインシュタインは相対性理論を二十六歳で、ワトソンはＤＮＡの二重らせん構造を二十四歳で発見した。五十歳でＸ線を発見したレントゲンのような例外もある。

▽**「パラダイムの危機は、三つの道のどれかで終結する。通常科学がその問題を究極的には処理できることを示す場合、現状では解答不能として放置される場合、新しいパラダイム候補があらわれ、それらの受容をめぐってたたかいが起こり、危機が終わる場合である」**——パラダイムの危機は企業の経営危機に似ている。経営危機は、会社の再建、倒産、新会社への移行のいずれかによって終結する。辻褄合わせの常套《じょうとう》手段も両者に共通する。

編者からひとこと　科学革命の時代には、科学者は環境にたいする知覚を再教育し、新しい形を見るように習熟しなければならないと、クーンは言っている。科学者以外にも当てはまる言葉である。経験で教えられたものしか見ようとしないのが、人間の習慣である。

[文献案内]　中山茂訳（みすず書房）。

宇宙は膨張していることを示す

「銀河の世界」

ハッブル

著者と作品紹介

アメリカの天文学者、エドウィン・ハッブル（一八八九―一九五三）は、はじめ法律を学んで弁護士となったが、天文学に興味を抱き、二十八歳で学位を取得し、当時、世界で最大級の望遠鏡をもつウィルソン山天文台に就職し、銀河について重要な発見を行った。銀河内に変光星を発見し、これによって銀河の距離を測定する方法を確立し、また、豊富な観測データから銀河をいくつかの種類に分類した。とくに重要なのは、遠方の銀河ほど速い速度で後退しているという現象の発見である。これは「ハッブルの法則」と呼ばれ、宇宙が膨張していることを示している。これらの研究成果が『銀河の世界』（一九三六）に一般にわかりやすいようにまとめられている。

要約

さまざまな銀河

私たちが住んでいる地球は太陽系の一員で、太陽のまわりを公転する惑星である。太陽は天の河銀河という、何百万という星でできた集団に属している。宇宙は、ほとんど空虚だが、膨大な距離をおいてあちらこちらに、天の河銀河と同じような恒星でできた系があり、現在、巨大望遠鏡による観測によって、銀河についていろいろなことがわかってきた。

銀河の研究から、きわめて重要なふたつのことがわかった。そのひとつは、領域の一様性、つまり、大きなスケールでは銀河はほぼ均等に分布しているということである。ウィルソン山天文台の巨大望遠鏡は掃天観測によって、約四万四千個の銀河を確認し、これらを分析した結果、銀河は天球上にほぼ一様に分布することがわかったのである。

銀河は平均二百万光年の間隔でばらまかれている。銀河ひとつをテニスボールにたとえると、それらは十五メートルくらい離れていることになる。銀河のあいだにある未知の物質を無視すれば、宇宙の平均密度も大雑把に見積ることができる。銀河物質が観測可能な領域にすべて分布していたら、平均化された密度は一立方センチメートルあたり10^{-29}から10^{-28}グラムである。これは地球と同じ大きさの空間体積に、砂粒一個程度がある密度に相当する。

記録された銀河の大部分は写真の上に形のはっきりしない斑点として写っているが、形のわかる標本から、銀河には共通した基本的なパターンがあることが明らかになった。銀河の大部分は、中心の核のまわりを回転する「規則銀河」と呼ばれ、これには楕円銀河と渦巻銀河とがあり、後者は「正常渦巻銀河」と「棒状渦巻銀河」にわかれる。私たちの天の川は「正常渦巻銀河」に分類される。これらのパターンは銀河の進化と関係があると考えられている。

宇宙は膨張する

銀河の研究で判明したもうひとつの重要なことは、速度と距離の関係である。これは銀河のスペクトルの研究から得られたものである。ちなみに、銀河の速度については、一九一〇年代以後、観測が行われ、その値は驚くほど大きく、平均十六百キロメートル／秒（＋は観測者から遠ざかっていることを示す）という数値が出ている。

光がガラスのプリズムを通り過ぎると、その光に含まれるいろいろな色がひと続きの帯の形に広がる。これをスペクトルと言う。虹は、そのもっとも親しみ深い一例である。その色は波長に応じて、いつも同じ順番に並んでいる。もっとも短い波長の光は紫で、青、黄色と波長は長くなり、最も長いのは赤である。このスペクトルから、光源の銀河の性質や物理状態についての情報を得ることができる。スペクトルには三つの型があるが、天文学の研究で特別な意味を持っているのは、吸収線スペクトルと呼ばれているものである。

吸収線スペクトルは、光のある部分が周囲のガスによって吸収されるなどして暗い線ができるスペクトルで、その暗線の分析によって、銀河の速度と、私たちの天の川銀河までの距離について知ることができた。銀河のスペクトルの暗線は、正常な位置より赤いほうに偏っていて、この赤方偏移《せきほうへんい》は、銀河の見かけの暗さとともに増加する。見かけの暗さは距離の目安なので、距離とともに赤方偏移が増加していることになる。詳細な研究により、距離と赤方偏移のあいだに比例関係があることがわかった。つまり、遠方の銀河ほど、より速い速度で、私たちから遠ざかっているということになる。

このような速度―距離関係は、一般に理論研究家に採用されており、膨張宇宙論の観測的な基礎だと見なされている。

▽「**光は月から地球まで旅するのに一秒かかり、太陽からは八分、冥王星からは六時間かかる。もっとも近い星（ケンタウルス座アルファ）は四・三光年、もっとも近い銀河（大マゼラン銀河）は八万五千光年の距離にある**」――太陽系外の遠い天体までの距離は、地球と太陽とその天体を結ぶ三角形を想定して計算される。天体から太陽と地球を見たときの角度（視差）が一秒の場合、三・二五三光年になり、これを「パーセク」と呼び、天文学における長さの単位として使われている。

▽「**赤方偏移を起こさせる方法がある。それはドップラー効果である。赤方偏移は、銀河が観測者から遠ざかっていることを示している**」――たとえば、救急車がサイレンを鳴らしながら近づいてくるとき、その音は実際より高音に聞こえ、遠ざかる際には、低音にきこえる。このような現象を発見者の名前に因んで「ドップラー効果」と言うが、星の光についても同じような現象が見られ、接近する場合は青方偏移を示す。この原理から、アンドロメダ銀河が秒速三百キロメートルで地球に接近していることなどがわかった。

▽「**天の川銀河は、銀河面に垂直な軸のまわりで回転する星、塵、ガスの偏平な集まりである。太陽は中心から三万光年ほど離れたところにあり、銀河の主体は、直径七万か**

ら八万光年、厚さ一万光年ほどのレンズ状の星の集団である。中心から太陽までの距離では、回転周期は二億二千万年ほどで、この周期から天の川銀河の質量は、太陽質量の二千億倍ほどであることがわかる」——肉眼で見える星のほとんどは、天の川銀河を構成する天体である。天球を横切る「天の川」は、レンズを水平方向から見た形になっている。

▽**「宇宙の踏査は三つの段階にわけられる。最初、私たちの踏査は〈惑星の世界〉に限られていたが、〈星の世界〉に広がり、最後に〈銀河の世界〉に突入した。太陽系の惑星までの距離は、十七世紀後半までわからなかった。星までの距離がきめられたのは百年前で、銀河までの距離がきめられたのは、私たちの世代においてである」**——ハッブルの時代、観測可能な宇宙は、直径約十億光年の球であったが、現在、宇宙は百四十億光年の彼方にまで拡大した。宇宙の広さは宇宙の年齢を物語っていて、百四十億年前のビッグ・バン（大爆発）によって宇宙は誕生したとされる。天文学の歴史は地平線の後退であると、ハッブルは言っているが、今後も、さらに地平線は後退するのであろうか。

編者からひとこと　一九九〇年、その功績を記念して命名された「ハッブル宇宙望遠鏡」が、アメリカの航空宇宙局（NASA）によって打ち上げられた。高度六百キロメートルの軌道上で撮影された鮮明な天体写真はインターネットで見ることができる。

［文献案内］戎崎俊一訳（岩波文庫）。

ホメオスタシスのはたらきを解明

「からだの知恵」

キャノン

著者と作品紹介

アメリカの生理学者、ウォルター・B・キャノン（一八七一―一九四五）は、生物が外部環境や内部環境の変化を受けながらも、からだを安定した状態に維持するホメオスタシスという概念を提唱したことで知られている（ホメオは同一の、スタシスは状態を意味し、このような状態および機能を指す）。高温や低温にさらされても、人間の体温が平熱を保ち、出血しても血液が固まり、激しい運動をすると心臓が活発に動くのも、すべてホメオスタシスのはたらきによるものである。キャノンは、さまざまな動物実験から、自律神経、とくに交感神経および膵臓《すいぞう》や副腎などから分泌されるホルモンがこれに関係していることを解明し、『からだの知恵』（一九三二）にまとめた。

要約

不安定な生命を支えるもの

われわれのからだは不安定にできている。たとえば、脳の血管を流れる血液が一瞬停止しても、脳の一部の作用が止まり、気が遠くなったりすることは誰でも知っている。もし、脳への血液の供給が七、八分間、完全に止まれば、知的活動に必要なある種の細胞は破壊され、もはや回復しなくなることが知られている。われわれのからだの構造がきわめて不安定であること、きわめてわずかな外力の変化にも反応すること、そして、好適な環境条件が失われたときには、その分解がすみやかにはじまることを考えると、それが何十年にもわたって存在しつづけることは、ほとんど奇跡的なことのように思われる。

この奇跡的なことを可能にしているのが、からだの自己調節機能、つまり、ホメオスタシスである。たとえば、傷のために出血した場合、交感神経が副腎を刺激して、アドレナリンを分泌させ（これを「交感神経―副腎系」という）、血液の凝固を促進し、出血が進むにつれて、凝固する速さを高める。出血がひどくて、かなりの量の血液が失われると、ふたたび交感神経—副腎系がはたらいて、末梢の血管を収縮させて、出血箇所への血流を減らし、同時に、心臓や脳への血液の供給を確保する。

外部の寒気がからだから熱を奪い、からだの内部環境の温度を低下させようとする場合、ただちに交感神経—副腎系が作用して、末梢血管を収縮させ、温かい血液が表面にさらされるのを妨げ、また、血液中にアドレナリンを放出する。この物質は、体温の低下を防ぐために、余分な熱が必要になったとき、体内の酸化作用の速度を高める。

高いところに登ったり、一酸化炭素のような毒物のはたらきで、からだへの酸素の供給が減少したような場合、交感神経—副腎系が脾臓を収縮させて、血液中に多量の赤血球を追加し、酸素の運搬を活発にする。

からだの内部環境の調節

からだのはたらきそのものがホメオスタシスを覆そうとすることがある。たとえば、激しい筋肉運動である。長いあいだ走ると、血糖値が著しく下がる。循環している血液中のブドウ糖の濃度は、百立方センチに百ミリグラム含まれているのが普通である。これが七十ミリグラム以下に減ると、強い空腹感をおぼえ、からだが震え、ついには昏睡状態から死にいたる。しかし、正常の状態では、痙攣《けいれん》の段階に達する前に、交感神経—副腎系がはたらき、肝臓から糖が放出される。筋肉が多量の糖を使っているにもかかわらず、血糖値は危険の起こる値よりも高い所に維持される。

また、筋肉を激しくはたらかせると、熱が発生する。この過剰な熱を消散させなければ、内部環境の温度はひどく上昇してしまう。激しい運動の結果、体温が摂氏四〇・五度に上がった人の例が報告されている。もし、もう二度ほど上がった状態がつづけば、脳の神経細胞が損なわれる。このような危険を防ぐために、交感神経がはたらき、末梢血管は広がり、発汗が活発になり、熱の放散が促進され、体温の上昇が阻止される。

さらに、激しい筋肉運動にともなって、血液が、中性に近い状態から酸性に変化する傾向があり、それが極度に高まると、昏睡状態や死にいたる。ここでも交感神経—副腎系が介入して循環器を調整し、血液中の酸とアルカリのバランスを維持する。

傷ついたり病気になったりしても、人間のからだにはそれらを修復し回復する作用があることが知られている。古来、「自然にそなわる治癒力」と呼ばれているものであるが、からだを防衛し、安定させるさまざまな仕組みについて私が述べてきたことは、すべて、この自然治癒力に近代的な解釈を加えることであった。

読みどころと名言

▽**「母親は、妊娠中、成長する胎児にカルシウムを与えなければならないし、出産後は、赤ん坊の成長に必要なカルシウムを大量に母乳として与えなければならない。しかし、母親の血液中のカルシウム濃度はほぼ一定のレベルに保たれている。このような調節作用に首の甲状腺の近くにある小さな組織、上皮小体《じょうひしょうたい》が関係していること以外、その仕組みはわかっていない」**――現在では、上皮小体から分泌されるある種のホルモンが関与していることがわかっているが、このように、何がわかっていて、何がまだ解明されていないかを明記しているのも『からだの知恵』の特徴である。

▽**「全血液量の三十ないし四十パーセントを取り去っても、すみやかにほぼ正常の血圧に回復する。これは、血管の運動をつかさどっている仕組みがはたらいて、からだの安全が保たれていることを示している。肺の半分を取り除いても、持ちこたえることができる」**――このような仕組みはからだの〈安全係数〉と呼ばれている。半分を失っても持ちこたえる肺の安全係数は二となる。ふたつある腎臓の一方を除去しても、ひどい機能障害は起こらない。甲状腺組織や膵臓の五分の四を、肝臓の四分の三を取り除くことができるという。

▽**「交感神経を切除された動物は生きつづける。しかし、それは、一年を通じて激しい温度**

変化もなく、食物のために争う心配もなく、出血の危険もない、安全な実験室の限られた条件のなかでの話である」——交感神経を切除された猫は、寒い部屋に入れられると激しくからだを震わせる。震えから生ずる熱が、体温低下への唯一の対抗策だからである。

▽**「哺乳類に見られるホメオスタシスは、進化の結果、作られたものである」**——個体発生は系統発生を繰り返すと言われている。進化の初期の段階の特徴をそなえている、生まれたばかりの赤ん坊は、体温を一定に保つ能力を持っていない。そのため、体温は、冷血動物のように、周囲の温度のままに、下がるにまかされる。

▽**「危急の際、からだは経済性よりも安定性を優先する」**——人間の場合、体重の三分の二を占める水、血液の浸透圧を一定に保つのに必要な塩分、からだのエネルギー源となる糖など、重要な物質は、余分になると容赦なく排出されてしまう。からだにとって過少も過剰も有害である。からだにとってもっとも大切なのは、安定性、ホメオスタシスである。

編者からひとこと　キャノンは、生物と対比して、社会的ホメオスタシスについて言及し、現在の社会構造は、下等動物の場合のように、進化のきわめて初期の段階にある、と言っている。とくに興味深いのは、生物のからだは細胞の数がほぼ一定しているという指摘である。肥大化したシステムではホメオスタシスは機能しにくいことが想像される。

［文献案内］舘鄰・舘澄江訳（講談社学術文庫）。

驚くべき昆虫の本能と習性

「昆虫記」

ファーブル

著者と作品紹介

フランスの昆虫学者で文学者のジャン＝アンリ・ファーブル（一八二三―一九一五）は、中学校の教師をする傍ら、独学で数学、物理学、博物学を学び、学位を得たが、念願の大学教授のポストに就くことはできなかった。かねてから興味のあった博物学に没頭するため、五十六歳のとき、南仏・プロヴァンス地方の村はずれの、みずから「アルマス（荒地）」と名づけた土地に隠棲して、昆虫の観察と採集、実験室での飼育と研究の生活を送り、その成果を『昆虫記』(一八七九—一九一〇)に文学的味わいゆたかな文章で執筆した。「昆虫の本能と習性についての研究」というのがその副題で、的確に発揮される昆虫の本能的行動には誰しも驚嘆するはずである。

要約

科学的殺し屋、ツチスガリ

九月の半ばすぎ、ツチスガリが巣穴を掘り、その奥に幼虫用の餌食を埋める時期だ。この穴掘り蜂がいけにえに選ぶのは、体のでかいハススジゾウムシモドキときまっている。そのツチスガリは餌食を大顎でくわえて、坂道をひきずったり、空を飛んだりしている。その飛翔力は驚くべきもので、私は好奇心から、ツチスガリとその獲物の重さを計ったことがある。前者は百五十ミリグラム、後者は平均二百五十ミリグラムもあった。

ツチスガリがその餌食で幼虫を養っていることは、ずっと以前から知られていたが、何より不思議なのは、その長期保存法である。巣穴から掘り出したものも、運搬中に横取りしたものも、運動力は失われているが、色彩の鮮やかさ、関節のしなやかさ、内臓の状態は、少しも衰えていない。拡大鏡で調べてみても、どこにも外傷が発見できない。今にも歩き出しはしないかと思えるほどだ。そこには運動力はないが、生命がまだあるのだ。この植物的な生命の機能を示す証拠は、ゾウムシの排便である。深い昏睡の最初の週、間をおいて平生通り行われ、内臓に何もなくなったとき止む。

以上の事実は、次のように考えないかぎり説明不可能である。その虫は運動中枢を破壊されているのだ、と。いちばん肝心な点は、攻撃方法だ。もちろん、ツチスガリの毒ぬりの針が主役を演じるはずだが、堅固な鎧を着込み、継ぎ目がきっちり合わさっているゾウムシの体のどこをどう刺すのか。

私は、ゾウムシをつかまえ、ツチスガリの巣穴の近くに置いた。ツチスガリは強い大顎でゾウムシの天狗鼻をくわえ、下腹をその胴の下へ潜らせ、第一対と第二対の肢の間の前胸の合わせ目へ二度三度、毒剣を勢いよく刺し込む。すべては一瞬のあいだになしとげられる。被害者は電撃を受けたように、もう永久に動かなくなってしまう。

けっして失敗しない外科医のように

ツチスガリの短剣が刺された場所に、いったい何があるのか。

生命を奪わずに、運動能力だけを奪わねばならぬ——その手段はひとつしかない。場所をうまく選んで、相手の昆虫の神経組織を傷つけ、破壊するよりほかはない。しかし、その神経組織はどのように配置されているのか。それはきっと高等動物の脳や脊髄みたいに、頭や背筋に沿って存在するのだろうか。とんでもない間違いだ、とわれわれ学者は言う。

昆虫の脊髄は上にはなくて、下のほうに、胸と胴に沿ってある。成虫状態の昆虫の運動神経を動かしている神経中枢は三つあって、それらは大小の間隔をおいている。まれには神経球が寄り合っていることもあるが、これらの球はそれぞれある程度の独立性を持っていて、破壊されても、それがつかさどる器官の麻痺しか起こさない。餌食になる昆虫の運動能力を完全に奪うには、三つの神経球を短時間に次つぎと破壊しなければならない。

ところが、何と、ゾウムシの場合、三つの神経球はきわめて接近していて、ほぼ同じ場所にひと塊になっているのである。その場所を一突きすればよい。私はこれを実験で試してみた。ペン先にごく少量のアンモニア液をつけて、その胸部神経球に注射してみた。効果は即時だった。この命取りの一滴が神経中枢に触れると、痙攣も起こさず、一切の運動が、突然、停止してしまう。ただし、傷が深すぎたりすると、いけにえは本当に死んでしまって、二、三日後には臭い屍でしかなくなる。反対に、注射が弱すぎると、虫は運動力を回復する。

しかし、神経球がたがいに離れているオサムシ類などでは、このような「外科手術」は通用しない。

証明は決定的だ。ツチスガリの獲物選びは、いちばん博識な生理学者と、いちばん精《くわ》しい解剖学者だけが教え得るものと一致している。

読みどころと名言

▽「キバネアナバチの巣穴には、神経中枢を破壊されて植物状態になったコオロギが三、四匹仰向けに寝かされていて、そのなかのひとつに卵が産みつけられる。そして、アナバチは巣穴の出入り口を砂でふさぎ、また新しい巣穴を掘って、獲物を運びいれ、産卵する。これは卵巣の卵の数が要求するだけの回数くりかえされる」――卵は二、三日後に孵化し、コオロギを食べて成長する。その一部始終をファーブルは実験室で再現して確認した。コオロギの神経中枢は分散しているため、アナバチは三箇所を刺さなければならない。

▽「ラングドックアナバチが獲物の神経中枢を傷つける現場を見るために、いつも獲物にされているキリギリスモドキを用意して、ラングドックアナバチのそばに置いた。ところが、蜂は見向きもせずに飛んでいってしまった」――実は、この種類のアナバチの幼虫の貯蔵食料になるのは、たっぷり汁気の多い卵を腹に収めた、雌のキリギリスモドキだけなのだ。ファーブルが提供したのは、オスのキリギリスモドキだった。

▽「夏至のころ、小径の地面に親指がはいるくらいの円い穴があき、セミの蛹《さなぎ》が出て来て変態を行う。セミの坑道は深さ約四十センチで、その容積は二百立方センチほどになるが、穴のまわりには盛り土がまったく見当たらない。掘り出された土はいったいどうなったのであろうか」――セミは種類によって異なるが、数年から十七年ものあいだ

地中で生活し、その間、木の根から吸った樹液で補充した体液で土を塗り固めて、坑道の壁を補強する。

▽**「私は次のような恐ろしいカマキリの夫婦を見た。生を与えるその機能のために迎えられた雄は、雌をしっかり抱きしめている。しかし、この不幸な雄には頭がない。頭もなく、胴体もほとんどないと言ってよい。雌はそのやさしい恋人の遺骸を穏やかにかじりつづけている。しかも、この雄の体の切れ端はしっかり雌の体にかじりついて、雄としての仕事をつづけているのである」**——ファーブルはその驚きを〈私はそれを見た〉と記している。この眼で見たのだ。そして、いまなおあの時のおどろきがおさまらないのである。

▽**「昆虫はすべてみんな、どんな場所に産卵せねばならぬかは知っているが、その後に起こることについては徹底的に無関心だ。幼虫は、自分自身の腕前で何とか始末をしていくことになる。モンシロチョウはキャベツ畑に行く。だが彼女自身にはそれは何の用もないのだ。幼虫が口にあった食物を見出せるであろう場所に卵を産みつけさせる案内者はいったい何か」**——それこそ、非常に狭い範囲のことを誤りなく知らせる本能にほかならない。

編者からひとこと　『昆虫記』の面白さは、そこに記された驚くべき虫の世界と緻密な観察眼もさることながら、読者をひき込む文章にもある。文学者と言われるゆえんである。

[文献案内] 山田吉彦・林達夫訳（岩波文庫）。

「自然選択」という生物進化の原理を提唱

「種の起原」

ダーウィン

著者と作品紹介

イギリスの生物学者、チャールズ・ダーウィン（一八〇九―八二）は、晩年に「私は大きくなりすぎた子供のようなものだ」と言っている。幼いころから貝殻や石ころなど、何でも集めるのが好きで、医学を学んでいた大学時代にもっとも興味を持っていたのはカブトムシの採集だった。大学卒業後、調査船ビーグル号に博物学者として乗り組み、約五年間にわたる世界一周航海で南米や南太平洋などで多彩な動植物を観察、収集した。その見聞を踏まえ、地球上に多種多様な生物が存在するにいたった経緯について研究を重ね、『種の起原』(一八五九)で「自然選択」という生物進化の原理を提唱した。生物学を超え、思想全般に大きな衝撃を与えた著作である。

要約

自然は有用な変異を選ぶ

飼育栽培された動植物には多くの変異性が見られ、その変化の量は大きく、また、変化は長期にわたって遺伝する。生活条件が同じであるあいだは、すでに数世代を通じて遺伝してきた変化がそのまま遺伝されつづけると信じてよい。他方、変異性がひとたびはたらきはじめると、まったく停止することはないと考えられる。というのは、古くからの飼育栽培生物に、今なお時どき新しい変種が生じるからである。

このような変異性は、実は、人間が生じさせるのではない。人間はただ、意図せずに生物を新しい生活条件にさらすだけであって、そこで自然が生物の体制に作用し、変異性を起こさせるのである。人間は自然によって与えられた変異を選択して、望みどおりに変異を集積し、動植物を自分の利益あるいは楽しみに適したものにする。

飼育栽培のもとでこのように有力にはたらいていた原則が、自然のもとではたらかないというわけは、どこにもない。不断に起こっている生存闘争において有利な個体および品種が保存されるということのなかに、もっとも強力で絶え間なくはたらく自然の選択力が見られる。ある生物が競争相手となるものにたいしてごく軽微な利点をもつなら、あるいは、いかに軽度であっても周囲の物理的条件によりよく適応しているなら、その生物は優勢になり、より多くの子孫を残すであろう。このように生存のために有利な変異が保存されていくという原理を、私は「自然選択」の語で呼ぶことにしたい。自然は、変化する生活条件のもとで、自分のつくり出した生物にとって有用な変異を選択しているのである。

自然選択は軽微な、継続的に起こる有利な変異を集積することによってのみ作用するものであって、大きな、急激な変化は生じさせられない。われわれの知識に新たなものが追加されるごとにいっそう正しくなっていく「自然は飛躍しない」という格言は、この学説にもとづいて簡明に説明されるのである。

すべての生物はひとつの原型から由来する

私は世界の各地から入手可能なすべての品種のハトを入手して飼育した結果、ハトのすべての品種がカワラバトに由来するということを確信した。ハトにかぎらず、すべての生物は、それぞれの系統に属していて、化石の研究から、共通の祖先をもつ現生生物と絶滅生物の存在が確認されている。

過去および現在の全生物は、それぞれの群が上位の群に従属するというふうにして、ひとつの壮大な自然体系を構成していて、あらゆる生物の真の類縁関係は、遺伝すなわち由来の共通性によるものである。人間の手とコウモリの翼、イルカのひれ、馬の肢などの骨の構成が同じであること、キリンとゾウの頸を形成する椎骨が同数であること――こういった無数の事実は、緩慢で軽微な継続的変化をともなう由来の学説によって説明できる。

私は、種は継起する軽微で有利な変異の保存と集積によって変化してきたこと、今でも変化していることを完全に確信しているが、これを過去に遡らせると、すべての動植物は何かひとつの原型に由来するという信念に導かれる。かつてこの地球上に生存した生物はすべて、生命が最初に吹き込まれた一個の原始形態から由来したものであろうと、推論せざるを得ないのである。また、過去から判断するなら、現生のどの種も遠い未来まで自分を変化させずに伝えることはないであろうし、子孫をのこすのはごく少数のものにすぎないであろうと推論してまちがいはなかろう。

われわれは、この書物で述べられた見解が一般に受容されるにいたったとき、博物学に重大な革命が起こるであろうことをおぼろげながら予見できる。

読みどころと名言

▽**「生物の相互の類似や発生学的関係、地理的分布、地質学的遷移など、そのほかいろいろな事実を検討した博物学者は、種はどれもみな個々に創造されたものではなく、変種と同様に他の種に由来するものだという結論に到達するであろう」**――『種の起原』の重要な論点のひとつである。『聖書』には、生物のそれぞれの種は神によって創造され、不変であると記され、そう信じられていた。種は変化するという考えは、信仰心のあついダーウィンの妻を悲しませ、そのために彼は『種の起原』のアイデアの発表を躊躇していたが、博物学者のウォーレスが同じ考えを持つことを知り、論文は公刊した。

▽**「自然選択によって新しい種が繁栄し、古い種（ないし変種）は絶滅したことになるが、その絶滅したとされる種はなぜ地殻のなかに発見されないのであろうか」**――ダーウィンの理論への最大の異論のひとつである。キリンの首が進化で長くなったのだとしたら、短い首のキリンがあってもよさそうであるが、そのようなものは発見されていない。ダーウィンはそれを化石記録の不完全さ、絶滅種の希少さなどにあると考えていた。

▽**「知られているあらゆる本能のなかでもっとも驚嘆すべきものであるミツバチの本能なども、比較的単純な本能が少しずつ変化し、自然選択によって保存され、積み重ねられたものと説明することができる」**――ミツバチの巣は材料の消費を最小にするように

つくられている。これに成功したミツバチが自然選択によって保存され、生存闘争に成功したのだと、ダーウィンは考えた。本能は自然選択の結果ということになる。

▽**「成熟すれば異なったものになり、また、異なった目的のために用いられる器官が、胚の段階ではきわめてよく似ているのはなぜか」**——胚とは、初期段階にある生物の状態で、人間では胎児である。昆虫では幼虫がこれに該当し、ガやハエ、カブトムシなどの幼虫はよく似ている。このような現象についてダーウィンは、胚の共通性は由来の共通性をあらわしていると言っている。つまり、胚が似ているものは、祖先が同じということである。

▽**「哺乳類の雄にみられる乳房のような痕跡器官の起源は、廃用がおもな原因である。使われることがないままに世代が重ねられるうちにその器官は機能を失い、単なる痕跡になってしまったのである。暗い洞窟に住む動物の目や、むりに飛ぶ必要もない鳥の翼のように」**——使われない機能は退化するという現象は人間の短い生涯にも顕著にあらわれる。

編者からひとこと　『種の起原』の初版には「進化」あるいは「進化論」という言葉は一度もあらわれない（第二版以後加筆された章で二回ほど記されているのみ）。進化論の提唱者はダーウィンの祖父、エラズマス・ダーウィンとされていて、チャールズ・ダーウィンはその原理「自然選択」の提唱者である。

［文献案内］八杉龍一訳（岩波文庫）、渡辺政隆訳（光文社古典新訳文庫）。

飽くなき科学者の執念

『絶対』の探求

バルザック

著者と作品紹介

フランスの小説家、オノレ・ド・バルザック（一七九九－一八五〇）は、人間と社会の全体像を「人間喜劇」という総タイトルで描く計画を立て、約二十年間に九十一編の小説を書いた。時代は中世から作者の同時代におよび、総登場人物は二千人を超える。「風俗研究」、「哲学研究」、「分析研究」の三部からなる。「哲学研究」の一編、『「絶対」の探求』（一八三四）には、家族や財産を犠牲にして、万物に共通するという物質「絶対」の研究、……した男の物語が描かれている。自然の根源を追求しつづけてきた科……いは、このような人間が少なからずいたはずであり、また、そのような人……したからこそ、科学も進歩したのである。

要約

煙と化した二百万フランと六年の歳月

フランドルで二百年前からつづく大貴族の末裔《まつえい》、バルタザール・クラースは、若いころ、教養の仕上げをするためにパリに出て、有名な化学者のラヴォアジエのもとで学んだことがあった。一七九五年はじめ、彼はスペインの大公爵家の娘と結婚し、彼女の幸福は十五年のあいだつづいた。しかし、その幸福は、ひとりのポーランド貴族の来訪によってうちこわされることとなった。貧乏のために化学の研究をつづけられなくなって、軍人になったというその男は、バルタザールも化学に関心があることを知って、こんな話をした。

「芥子《けし》の種を硫黄《いおう》のなかへ播いてごらんなさい。種は硫黄のみを養分として発芽し成長していきます。その茎を焼いた灰を分析してみると、珪酸《けいさん》や燐酸《りんさん》カルシウム、炭酸カルシウム、炭酸マグネシウム、硫酸塩、酸化鉄などが見出されますが、これらは芥子の種や硫黄、水などには含まれていない物質です。芥子以外の有機物や硫黄以外の元素を使っても同じ結果になります。ということは、これらの物質や大気中に共通の原素があるということになります。このような否定しえない実験から、私は万物に共通の物質、『絶対』の存在を推定したのです」

それ以来、バルタザールは、屋根裏につくった実験室に閉じこもり、実験用具や高価な材料、本、機械などをパリから取り寄せ、「絶対」の探求に没頭した。かつて愛していたすべてのものに無関心となり、満開のチューリップの世話を忘れ、妻や子供たちのこともはや考えなくなっていた。家族と顔をあわせるのは夕食のときだけだった。

「ぼくはね、また化学をやりだしたのだよ。いま、この世でいちばんの幸せものだ」と彼は言っていたが、クラース家は破産寸前の状態だった。困苦のあまり死の床に伏した夫人は、「二百万フランと六年の辛苦がこの不幸の谷底に投げ込まれてしまいました。だのに、あなたは、なんにも発見なさらない」と言った。バルタザールは召使に、実験室をこわすよう命じたが、「遅すぎますわ」と言って、夫人は息絶えた。

「最後の実験を思いついたのだ……」

バルタザールはもう五十九になっていた。ヨーロッパの平和とともに、科学は進歩して深遠な科学に専心している人びとが彼と同じように、光や熱や電気や磁気が同一原異なる結果であり、それぞれの元素はある未知の物質「絶対」の異なった分量の調合によってつくり出されると考えていた。その「絶対」が見つかれば、ダイヤモンドも金も思いのままにつくることができる。「絶対」がほかの誰かに発見されまいかという不安にかられ、バルタザールは例の仕事を再開した。

亡くなった母親に代わって一家を管理していた娘のマルグリットは、父親が高価なチューリップのコレクションや銀器類をすっかり売り払ったことを知った。

「お父さま、お仕事をやめてくださいまし」と、彼女は懇願した。

「六週間たてば」と彼は言った。「すべて片がつくんだ。わしは『絶対』を発見する。そうすれば、お前たちは残らず百万長者。最後のひとつの実験を思いついたのだ……」

その実験は失敗に終わり、バルタザールは研究を断念し、マルグリットはスペインの大貴族の末裔と結婚して、クラース家を再建した。ところが、彼女が一年半ほど夫とともにスペインに滞在していたあいだに、バルタザールは「絶対」の探求を再開し、すっかり破産してしまったのである。かつて部屋や廊下の壁一面を飾っていた名画は一枚もなく、窓にはカーテンさえないという有様だった。病床のバルタザールは、顔に霊感の息吹をたたえ、片手を差し上げ、「エウレカ！（わかったぞ）」と叫んだ。それが最期の言葉だった。

▽「**Eureka（エウレカ）!**」――古代ギリシア最大の数学者、アルキメデスの有名な言葉として伝えられている。ギリシア語で「われ発見せり」の意である。彼は、生地のシチリア島シラクサの王から、金の王冠が純金かどうかの鑑定を依頼された。ある日、風呂にはいっているとき、体を沈めるほど、水があふれることに気づき、その方法を発見した。そこで叫んだのがこの言葉である。後に「アルキメデスの原理」と呼ばれる、物質の体積と重さの関係（比重）に気づいたのである。大発見の際に発せられる合言葉である。

▽「**私と『絶対』との距離はもう髪の毛一筋というところなんだ。金属を気体化するためには、気圧がまったくない環境、つまり絶対真空のなかで、金属に無限の熱を加える方法さえ発見すれば、それで十分なのだ**」――バルタザールの考え出した、金属から「絶対」を抽出する方法である。太陽の光をレンズで集めて「無限の熱」を発生させる装置も考案された。しかし、ついに「髪の毛一筋」を突破することはできなかった。目標まで「もう一歩」と思えることこそ、研究の最大の動因である。バルタザールはいつもそう思って挑戦を繰り返した。

▽「**天才というものは、つまり、時と金と身体をくらいつくして、悪性の情熱よりもいっ**

そうすみやかに人を破滅にみちびく、のべつ幕なしの乱行ではなかろうか」——バルザックは、〈情熱は人間を破滅させる〉とも〈情熱こそ人間そのものである〉とも言っている。バルザックはそういう〈人間らしさ〉が強烈にあらわれる人間を好んで描いた。彼自身、そういう人間だったからである。

▽**「バルタザールの巨人的な苦悩は、ピエルカンとエマニュエルのうえにもはたらきかけ、実験に必要な資金を提供したいと思うほどひどく動かされた。天才の確信というものは、それほど伝わりやすいものなのだ」**——天才はどこか詐欺師や賭博師に似ているのかもしれない。天才は何度失敗してもめげず、そのパトロンは何度だまされても援助する。この小説では、実験の断念と再開が、何と六回も繰り返されている。

▽**「妻というものは、いつも自分と夫と、ふたり分も苦しむものではなかろうか」**——バルザックは、自分のことしか考えないバルタザールの妻や娘の苦しみを仔細に描いている。妻は夫の仕事を理解するために、ひそかに化学の勉強までするのである。

編者からひとこと　古代ギリシアの哲学者タレスは万物の根源は水だと言った。ニュートンは万物を動かす万有引力の法則を、アインシュタインはそれを超える一般相対性理論を発見し、現代の物理学者はなおも素粒子を探し求め、あらゆる理論を統合する「万有理論」を構想している。すべて、「絶対」の探求にほかならない。

[文献案内] 水野亮訳（岩波文庫）。

時代を先取りした独創的な考察

「手記」

レオナルド・ダ・ヴィンチ

著者と作品紹介

イタリアの画家、彫刻家で科学者のレオナルド・ダ・ヴィンチ（一四五二―一五一九）は、イタリア・ルネサンスを代表する万能の人で、その専門分野は、建築、都市計画、文学、兵器など各種の機械の発明、解剖学、物理学、さらには、音楽にまで及ぶ。フィレンツェ近郊のヴィンチ村に生まれ、工房で画家の修業をした後、ミラノ、マントヴァ、ヴェネツィアなどで王侯に仕え、晩年はフランスに赴き、フランソワ一世のもとで過ごした。

名画「モナ・リザ」の作者として有名であるが、彼の名をいっそう高めたのは、死後に発見された「手記」である。そこには時代を先取りしたさまざまな独創的な科学技術に関する考察やアイデアが記されている。

要約

鳥の飛翔

鳥は方向を変えようとするとき、一方の側だけ繰り返し羽ばたきするが、他の翼はじっと停めておく。鳥は尾翼の方向に翼をうつことによってそうするのである。ちょうど二本のオールでボートを漕ぐ人のように、避けようとする側に何回も漕いで、他のオールを固定しておくのである。水中の泳ぎは、いかに鳥が空を飛ぶかを人間に教える。

鳥の翼が空気を押すほうが、空気がその翼の下から逃れるよりも速いので、空気は凝縮されて、翼の運動に抵抗する。その翼を動かす力は、翼の抵抗に乗じて、その翼の運動と反対の方向に鳥を浮揚させる。

鳥は数学的法則にしたがって活動する機械である。人間は鳥の運動をことごとく具備せる機械を製作することができる。もっとも、この機械はバランスを保つ能力を欠いているため、鳥のようなみごとな性能は持っていない。人間によって組み立てられたこういう機械は、鳥の生命を除いては何ひとつかけるところがないと言えよう。

［最古の落下傘のデッサンの下に］ひとつの物体は、空気がその物体に与えるのと等しい抵抗力を空気に与える。空気にたいする羽ばたきが重い鷲をして、空高く希薄な大気の上にその身体を支えしめるのを見たまえ。また、海の上を渡る空気がふくらんだ帆に当たって、いっぱいの荷を積んだ重たい船を走らすのを見たまえ。それゆえ、以上の実例と解決済みの理論とによって、自分の体にしっかり結わいつけた大きな翼をもって、人は空気の抵抗に対抗してこれを克服し、もってこれを服従させ、その上に浮揚しうることが認められるであろう。

解剖学

人間機械の探求者よ、他人の死によって知識を得るからといって、悲しむな。解剖においては、才能を尽くしても、二つ三つの血管以外は見ることも知ることもできないであろう。血管に関する正確かつ完全な知識を得んがため、私は十あまりの人体を解体し、さまざまな肢体をすべて解き、そして、毛細血管から出る目に見えぬ血のほかはいささかの出血をも起こすことなく、それらの血管のまわりにある肉を微細な切れ端にいたるまですっかり取り除けてしまったのである。おまけに一個の屍体だけではそんな長い時間に十分でなかったので、次から次へとあまたの屍体によって継続する必要があった。こうしてやっ

と完全 ある。

たのである。さらにその差異を調べるためにそういう過程を二度も繰りフィレンツェの病院で、死の手前いくばくもないその老人は、「私は百年生きました。衰弱以外に体に何の不足も感じておりません」と私に言った。そして、寝台の上に坐ったまま、身動きも苦悶のしるしも見せずにこの人生から去って行った。私は、かくも甘き死の原因を究めんがため、彼の解剖を行った。その結果、からだを養うべき血液の不足のため生命が途切れたことを見出した。それらの肢体は非常にかさかさでしなびていた。脂肪および血液がなくなっているため、私はその解剖図を実にらくらくと描くことができた。もうひとつの解剖は、二歳の幼児のであったが、この場合、あらゆることが老人のそれと反対であることを見出した。

　健康に生きた老人たちは、栄養の欠乏のために死ぬ。それは、腸間膜静脈への通路が、その血管の外膜の肥大によって絶えず閉塞されるからである。その過程は順次に毛細血管に及ぶ。老人たちが若者より寒さをおそれたり、干栗のような膚色をしているのは、このことから生ずる。何となれば、皮膚はほとんどすっかり栄養分を失っているからである。

▽**「舌は二十四の筋を持ち、それらは口中を動く舌の部分を構成する六つの筋に照応する。この二十四の筋が舌の多種多様な運動においてどのように分割区分されるかを、また、どのように神経が脳底から舌に降りているか、それがどのように舌一面に分布しているかを探求すべきである」**――人間を構成するあらゆる部分を解明せよ、とも記されている。現在でも十分に通用する正確なその人体解剖図は、それが実現されていることを示している。

▽**「明朝、橋から落としたさまざまな形の紙片が空中を落下する図を描くこと」**――鳥の飛翔との関連で、落下物と空気の抵抗との関係にレオナルドは関心を寄せていた。空気の抵抗があるからこそ、鳥も空を飛ぶことができることに彼は気づいていた。空気の抵抗力を落下する紙片の動きによって把握しようとしたのである。実際、橋の欄干《らんかん》から紙切れを落として、一部始終を観察したにちがいない。目の訓練には好適である。

▽**「空はなぜ青く見えるか。空中にあらわれる青さは空気自身の色ではなく、ごく微細で感知できない原子となって蒸発せる熱い水分によって生ずる。この水分は、太陽光線け、自分の上を覆っている無量の暗闇を背景として、発光するのである」**――正しある。レオナルドの出発点は誰もが抱く疑問である。雨はどのようにして降

なぜ星は昼間は見えないのか、どうしてくしゃみやあくびが生ずるのか、なぜ海水は塩辛いのか、なぜ夕日は大きく見えるのかなどなど。その好奇心には実に新鮮なものがある。

▽**「河川は、まっすぐである場合、その両側よりも中央においてはるかに強い勢いをもってながれている。水というものは河川の両側に等しい衝撃をもって突き当たり、狭い場所にさしかかると、それらがはねかえされて河川の中央が盛り上がる」**——ここには川の流れを注視している目がある。その観察は、理論へ、そして、応用技術へと進み、水の流量を測定する装置、現代の水道のメーターに相当するものを考案している。

▽**「あらゆる運動は自己維持につとめる。動かされたあらゆる物体は、その物体のなかに動かしたものの力が保存されるかぎり、いつまでも動く」**——レオナルドは物体の運動に関する記述もたくさん残している。これは、のちのニュートンの運動の第一法則「慣性の法則」にほかならない。「運動は力の死によって生まれる」という記述もあるが、これは第三法則「作用・反作用の法則」を思い起こさせる。

(編者からひとこと) 一九六五年、マドリッドの国立図書館で発見された手記(『マドリッド手稿』岩波書店)は、彼がいかに偉大な発明家であったかも示している。たとえば、現代の機械装置に不可欠なボールベアリングや自転車のチェーンなどが正確に描かれている。

[文献案内] 杉浦明平訳『レオナルド・ダ・ヴィンチの手記』(岩波文庫)。

病気を迷信や宗教から引き離す

「古い医術について」

ヒポクラテス

著者と作品紹介

古代ギリシアの医学者、ヒポクラテス（前四六〇頃―前三七五頃）は、小アジア半島南西岸沿いのコス島で生まれ、医師であった父親から医術を学び、各地を遍歴したのち故郷で開業し、医学校を開き、医術を教えた。彼の著述を集めたとされる全集が伝えられるが、弟子などのものも多く含まれ、彼が実際に執筆したのは『古い医術について』など、数編と推定されている。それらの著述でとくに強調されているのは、病気を迷信や宗教から引き離し、経験と事実にもとづいて治療に当たるという、合理的な方法である。このような「ヒポクラテス的方法」と呼ばれる科学的な手続きをはじめて意識的に採用したところから、「医学の父」と呼ばれている。

要約

医術とは人間を知ること

私はこう主張する。医術とは、人間とは何であるか、どのようにして生まれるのか、その他のことを詳しく知ることである。なぜかと言うに、医者にとって、その務めを果たそうとする以上、自然について少なくとも次のことを知り、また、知ろうと熱心につとめることが必要だからである。すなわち、人間と、食べるもの、飲むものにたいする関係、その他の習慣にたいする関係、それらが各人に与える結果である。それは単に、腹いっぱい食べると苦痛を与えるから、チーズは有害な食べものである、といったものであってはならない。それがどんな苦痛であるか、それがなぜ起こるのか、そして、人体中の何に適合しないのかを、私たちは知らなければならない。

人間の身体は、そのなかに血液、粘液、黄胆汁、黒胆汁をもっている。これらが人間の身体の自然性であり、これらによって病苦を病みもし、健康を得もする。もっとも健康であるのは、これらの要素が混合の割合と性能と量とが調和を得て、十分に混合されている場合である。病苦を病むのは、これらのどれかが過少か過多であったり、身体内で遊離して全体と混合していなかったりする場合である。もしこれらのどれかが遊離して孤立するならば、その遊離した身体部位が病気になるばかりでなく、それが流れ寄せた身体部位がその過度の充満のために苦しみと痛みを引き起こすのである。また、それらが体外に過剰に流れ出た場合、その空虚は苦痛を与える。

充満が生む疾病は空虚が癒し、空虚から起こる疾病は充満が癒し、激しい労働から生じる疾病は休息が癒し、怠惰から生まれる疾病は激しい労働が癒す。医者は、緊張はこれを緩め、弛《し》緩はこれを引き緊めねばならない。このようにして病患は止むであろう。

ヒポクラテスの誓い

私は、医神アポロン、アスクレピオスと、その娘ヒュギエイアとパナケイア、すべての神と女神にかけて、またこれらの神々を証人として、誓いを立てます。そして、私の能力と判断力のかぎりを尽くしてこの約束を守ります。

この術を私に授けた人を両親同様に思い、生計をともにし、この人に金銭が必要になった場合、私の金銭を分けて提供し、この人の子弟を私自身の兄弟同様とみなします。そして、もし、彼らがこの術を学習したいと要求するならば、報酬も契約書も取らずにこれを教えます。私の息子たち、私の師の息子たち、医師の掟による誓約を行って契約書をしたためた生徒たちには、医師の心得と講義その他すべての学習を受けさせます。しかし、その他の者には誰にもこれを許しません。

私は、私の能力と判断力のかぎりを尽くして食養生法をほどこします。これは患者のためにするのであり、害を与えたり、不正を行うようなことは断じてありません。誰に頼まれても、けっして致死薬を投与しません。そのような助言もいたしません。同様に、婦人に堕胎用器具を与えません。純潔と誠実をもって生涯を送り、私の術を行います。

膀胱結石患者に砕石術を施さず、これを業務とする人に任せます。どの家にはいろうとも、それは患者のためであり、どのような不正や加害も目的とせず、男と女、自由民と奴隷を問わず、情交を結ぶようなことはしません。治療の際に他人の生活について見聞きしたことは、仕事との関係の有無にかかわらず、そのようなことは他言してはならないとの信念を持って、沈黙を守ります。もし、私がこの誓いを守りつづけて破るようなことがなければ、いつまでも人生とこの術を楽しむことができますように。もし、この誓いにそむくようなことがありましたら、これとは逆の報いがありますように。

▽**「神聖病と呼ばれている病気も、ほかの病気と同じように、神業によるものではなく、自然的原因を持っている。この病気を神聖視した最初の人びとは、実のところ、神を隠れ蓑につかって、処置に窮したのをごまかそうとしたのである」**――ここで言われている神聖病とは、てんかんのことを指す。疫病を意味する英語のplagueは、(神が)打つ、という意味のラテン語に由来するが、これなども自然の出来事が神業と結びつけられた一例である。

▽**「非常にきつい食物は、健康者であれ、病人であれ、人間をもっともひどくそこなうものであるという、この一点に、すべて病気の原因は帰せられるのである」**――ヒポクラテスは、人間の健康は空気や水、風土と密接に関係すると考えているが、それよりも重視するのが食べものである。食餌しだいで病気は快方にも悪い方にも向かう、とも記されている。きつい食物とは、消化しにくい、刺激性の食べものを指すと推定される。

▽**「医術とは、病人から病患を除去し、病患からその苦痛を減じることであり、病患に征服されてしまった人に治療をほどこすことは医術の及ばぬところと知って、これを企てることは断るべきである」**――人間のからだに備わった自然的手段(治癒力)によって、病気を征服することができるが、自然的手段のおよばない病状には、医術も処置

なしというのがヒポクラテスの考えである。医学への過剰な期待を戒めた言葉である。

▽**「次に述べるのは、われわれが病気を診断するにあたって依拠した項目である。患者の体質、習慣、食生活、職業、年齢、話しぶり、立居振舞い、思想、睡眠、夢の種類、便通、尿、唾、嘔吐、病歴、汗、咳、出血など」**——人間を肉体も精神も含め、全体として観るというのが彼の一貫した方法である。夢なども人間の精神を探る有力な情報である。

▽**「ピリコスは城壁のそばに住んでいた。病臥し、一日目に高い発熱があり、発汗。夜間は苦痛があった。第二日。病勢全般的に昂進し、晩おそく浣腸によって正常な排便があった。夜間は安静。第三日。正午までは平熱。しかし、夕刻、高温、発汗。渇きを訴え、舌は乾燥し、排尿は暗色。夜、苦痛たえがたく、眠れず、精神異常状態となった。第四日。全般的に病勢昂進。第五日。正午頃、少量の鼻出血。坐薬をあてがうと、放屁を伴う少量の排便があった。末端部は冷えて、なかなか体温を回復せず、鉛色。六日目の正午頃、死亡した」**——こういった流行病患者の詳細な症例が四十件以上報告されている。

（編者からひとこと）「人生は短く、技術は長い」は、『箴言《しんげん》集』にあるヒポクラテスの有名な言葉である。「技術」は医術を指すが、芸術と言いかえられて引用されることが多い。「ヒポクラテスの誓い」は現在でも多少内容を変えて、医学生に受け継がれているという。

［文献案内］小川政恭訳（岩波文庫）。

大人《おとな》のための世界《せかい》の名著《めいちょ》50

木原武一《きはらぶいち》

平成26年 2月25日　初版発行
令和6年 9月20日　7版発行

発行者●山下直久

発行●株式会社KADOKAWA
〒102-8177　東京都千代田区富士見2-13-3
電話　0570-002-301（ナビダイヤル）

角川文庫 18423

印刷所●株式会社KADOKAWA
製本所●株式会社KADOKAWA

表紙画●和田三造

ISBN978-4-04-409455-3　C0195

◆◇◇